超实用基金入门宝典

兴哥 著

SPM 南方传媒 | 广东经济出版社
·广州·

图书在版编目（CIP）数据

超实用基金入门宝典 / 兴哥著．—广州：广东经济出版社，2022. 7
ISBN 978-7-5454-8160-0

Ⅰ. ①超…　Ⅱ. ①兴…　Ⅲ. ①基金－投资－基本知识 Ⅳ. ①F830.59

中国版本图书馆CIP数据核字（2021）第260412号

责任编辑：余　朔　刘亚平
责任校对：李玉娴
营销编辑：刘凯明
责任技编：陆俊帆

超实用基金入门宝典
CHAO SHIYONG JIJIN RUMEN BAODIAN

出版人	李　鹏
出　版 发　行	广东经济出版社（广州市环市东路水荫路11号11～12楼）
经　销	全国新华书店
印　刷	广东鹏腾宇文化创新有限公司 （珠海市高新区唐家湾镇科技九路88号10栋）
开　本	889毫米×1194毫米　1/32
印　张	7
字　数	148千字
版　次	2022年7月第1版
印　次	2022年7月第1次
书　号	ISBN 978-7-5454-8160-0
定　价	60. 00元

图书营销中心地址：广州市环市东路水荫路11号11楼
电话：（020）87393830　邮政编码：510075
如发现印装质量问题，影响阅读，请与本社联系
广东经济出版社常年法律顾问：胡志海律师

前言

preface

每个人都渴望过上更好的生活，如何理财赚更多的钱，这是一个长盛不衰的话题。

事实上，理财的本质是财富管理，财富管理和我们每个人息息相关，你做还是不做，它都在那里。

而现在中国人理财主要倾向于配置“金融资产”。

1. 在房产需求放缓以及监管政策调控下，中产家庭对房地产投资并不乐观。

2. 公募基金增持意愿非常强烈，在家庭金融资产中的比重也在逐年增高。

越来越多的投资者选择投资公募基金，配置金融资产实现财富升值，减轻家庭经济压力。

但是，面对纷繁复杂的公募基金种类和数量众多的公募基金产品，一个投资者，尤其是一个新生代基民，常常感觉无从下手。

本书将从实战的角度出发，为您提供各类基金投资的方法和技巧。目前，国内出版的基金投资类书籍，主要偏重于指数基金的投资；而国内基金行业的实际情况是，不管从数量还是业绩表现来看，优秀的主动型基金都比指数基金有一定的优势。

如果从2005年初开始分别买入主动型基金和指数基金，持有至2018年底，收益率的差距很大。其间，主动型基金累计收益率翻了4.8倍，年复合收益率为13.3%；指数基金累计收益率翻了2.4倍，年复合收益率为9.1%（见图1）。由此可见，长期来看，主动型基金的优势更为明显。

数据来源：好买基金网。

图1 买入主动型基金和指数基金的累计收益率

但是市场上关于主动型基金的分析技巧和投资策略的书非常少，内容有涉及的大部分都是浅尝辄止。

为什么会这样?

因为和指数基金相比，主动型基金有较大的选择难度。

那是不是主动型基金就没法投了?

本书的核心“天天三招选基法”，就是教大家用最简单的办法在较短的时间就能选出比较好的适合投资的主动型基金，大家学会后就能在短短一两分钟内选出好的基金，规避不好的基金。

既然是实用宝典，就是要解决实际问题。经过长期的基金投资实操，兴哥总结出基金投资的实操四问——选什么基金投？怎么投？什么时候投？投多少？本书就是要解决这四个问题。如果你对基金投资并不了解，打算从入门开始学习，那么直接阅读本书就是最好的选择了。

写本书的主要目的在于帮助广大投资者在基金投资的道路上建立正确的投资理念，学习实际有效的投资方法，让完全没有投资经验的新手小白也能够自主选择出收益较好、风险可控的基金来进行投资，达到年平均8%～12%的收益，甚至更多，让资金稳步增长。

本书的第1部分，主要围绕兴哥总结基金赚钱的3个要点——“选好基，低位进，长期拿”分别阐述，也包括基金投资的资金规划和止盈技巧等实操性较强的内容。

本书的第2部分分别介绍各种不同类型基金的具体投资方式，也会涉及现在火热的指数基金定投，但兴哥会提供不一样的投资思路。这一部分的核心就是上面说过的主动型基金选择方法——“天天三招投基法”。

上面两个部分是本书的主体内容，书的最后还有一些与基金相关的粉丝答疑精选。

看完本书，大家可以关注微信公众号“兴哥投基”，我会在上面发布与基金投资相关的最新研究，也会不定期地发布关于基金投资的一些心得和感悟。大家有任何问题，或是想了解更多有关基金投资的知识，或是有独到的见解，欢迎与我讨论，互相学习，共同进步。

目录

contents

第1部分　从零开始认识基金

第2部分　基金投资实操

附录 基金投资常见问题

第1部分

从零开始 认识基金

第1章　基金是什么

1.1 基金是怎样一种投资产品

简单来说，基金就是让专业人士帮你买一篮子股票赚钱。

欧洲第一金钱教练博多·舍费尔在《小狗钱钱》一书中写道：基金就像一口大锅，许多没有时间、没有投资相关的知识或者没有兴趣亲自去买股票的投资人都会把钱投进这口锅里，这些钱由金融界的专家——也就是所谓的基金经理人——去投资买股票。

换句话说，就是我们花钱雇用懂得怎么买股票才赚钱的基金经理去帮我们投资股票，我们只要支付一些“工资”（基金管理费、托管费等）给他就可以了。

从这句话中可以看出，一般老百姓投资基金比自己炒股靠谱得多。

兴哥个人观点，基金是最适合老百姓理财的金融投资工具，没有之一。

现在基金投资者越来越多，但有不少人都是被理财经理推荐或者看到身边有很多人开始买基金跟风来投资的。对于基金，他们了解得并不多。

我们先看看基金是什么。

基金，英文为fund，广义上说，是指为了某种目的而设立的一笔资金。

比如，公积金是为了买房，社保基金是为了医疗养老等社会保障，而我们一般人投资的基金，就是为了获得投资收益。

有人认为：“买基金就是把决策权交给别人，是一种不相信自己的表现。”

但真的是这样吗？当然不是。

首先，基金只是资产配置的一个组成部分，我们买基金往往只是配置部分资金，这谈不上把决策权都交给别人；其次，我们买基金时会选择具体的基金公司、基金经理、具体的基金产品，以及具体的时间、价位，这意味着我们在放权前已经做出了抉择；最后，基金经理在投资领域比绝大多数人专业，相信他们也没有什么不对。

总的来讲，随着中国去散户化进程的加快，基金受到越来越多投资者的青睐，配置基金已成为中国投资者资产配置中的重要组成部分。

基金具有规模优势、专业程度更高、风险控制更强等特点，长期持有基金普遍能获得不错的收益。因此，基金投资是比较适合广大老百姓的。

1.2 为什么要买基金

我们先来简单列举比较一下常见的几个投资工具。

（1）股票

股票，代表一家公司的股份。买股票，就是大家平时说的股权投资。

比如，你和朋友合伙开了一家公司，一共投资100元，你投入60元，他投入40元。那么，你就拥有这家公司60%的股份。如果把公司的股份划分为100份，每份的价格刚好等于1元。这里的100股份，就可以看作你们公司的股票，每一股价值1元。

这里说的价值是指股票面值，就是我们在市场上能直接看到的价格。

哪天你们的公司上市了，投资者觉得你们的公司有潜力，把股价抬高到了2元，那么股票的面值就变成了2元。如果你把所有股票都卖出去，你就得到了120元，也就是说你赚了1倍。不过，这也建立在有人花2元/股的价格来买你们公司的股票的前提下。股票是撮合交易，也就是说，在这个价格，有人买也得有人卖，经过撮合，交易才能完成。

因为你手上拥有60%的股份，所以公司每赚1元，你就可以获得0.6（1×60%=0.6）元的收入。而每亏损1元，你都要付出0.6（1×60%=0.6）元的代价。

因此，股票投资的收益和风险都是很大的。

（2）债券

债券，代表的是一种债权，简单说，就是借钱给别人。

债券代表的是一种债务关系。你买了债券，就相当于将钱借给了他人。这里的“他人”可以是国家、地方政府，也可以是企业。如果是国家向你借钱，就是国债；如果是企业向你借钱，就是企业债。

欠债还钱，天经地义。借了别人的钱，不管怎样都是要还的。所以相对股票而言，债券的风险比较小。债券最大的风险是信用违约风险，也就是说，欠你钱的人跑路了，你的钱要不回来了。所以借给别人钱时，要看借钱的对象是谁，这是投资债券首先要考虑的。这也是那么多人买国债的原因。

债券风险小，相对应地，收益也小。因为你的收益从一开始就已经白纸黑字写清楚了，“欠某某100元，约定1年偿还，利息1%”，所以你的收益就是这1%的利息。借你钱的人，不管用你的钱赚了多少钱，都跟你没关系。

（3）基金

不管是股票还是债券，都属于直接投资。

直接投资就是用你的钱直接买了什么。

而基金是一种间接投资，也就是说，你的钱不是直接买了商品，而是交给一个专业人士，让他帮你去买。不过，他会告诉你，他大概会买哪些东西、风险和收益怎样。

其实，基金就是一种委托关系。你委托专业机构（基金管理公司）帮你管理资金和进行投资。当然，不是说你把钱直接丢给基金公司，它就会自动帮你理财。而是基金公司根据不同的投资标的，把一份份投资计划包装成一个个套餐，然后让你选择。

既然基金是让专业人士帮你去投资，而专业人士一般都很专业（不然他也不叫专业人士），并且做基金投资时，会进行分散投资（投多只股票和多只债券或者两者混合投等，也可以投基金），因此风险相对而言就比股票小。

而与债券相比，一般而言，基金的风险是大于债券的。其实这得看基金类型。货币基金的风险就不一定大于债券，一般人说的基金投资主要是股票型基金的投资。不同类型的基金风险和收益差别是很大的，下一个小节会给大家介绍下基金的各种类型。

（4）银行理财产品

很多人都或多或少接触过银行的理财产品。那么，银行的理财产品是什么？跟股票、债券、基金有什么区别？

所谓的银行理财产品，从大的概念讲，指的就是通过银行来卖的理财产品，这些产品的本质有可能是基金、债券、信托、保险等（不可能是股票），而具体是什么就得根据产品来看了。

要特别说明一下，银行理财产品也不是完全没有风险的。

小结

由以上分析可见，股票代表一种股权（拥有权），享受经营的分红，收益较高，同时承担经营的风险，风险较大；债券代表一种债权，提前约定收益，收益较低，利息不受经营的影响，风险较小；基金（这里主要指股票型基金）代表一种委托关系，委托专业机构帮你理财，收益受专业机构的理财能力影响，一般而言，收益小于股票、大于债券，相对应地，风险小于股票、大于债券。

各类股票、债券、基金、银行理财产品等的投资风险情况参见表1-1。

表1-1　个人理财风险比较

风险等级	风险	收益类型	亏损概率	主要代表产品
PR1（谨慎型）	低	保本	0	国债、存款、大额存单、结构性存款、智能存款、年金类保险、货币基金
PR2（稳健型）	中低	非保本	接近0	多数银行理财、债券基金、养老基金、券商理财
PR3（平衡型）	中	非保本	较低	少数银行理财、混合基金、信托产品
PR4（进取型）	中高	非保本	较高	网络贷款、股票、股票基金、指数基金、黄金
PR5（激进型）	高	非保本	高	商品交易现货、期货、期权、金融衍生品（杠杆）

1.3 适合投资的基金产品

基金的投资品种非常丰富，从高风险到中风险再到低风险一应俱全，各种投资者都能找到适合自己的产品，并做好资产配置。

基金最基础的分类是按投资标的划分。按照投资标的来划分，基金一共有四种：货币基金、债券型基金、混合型基金、股票型基金。我们按风险从低到高分别介绍这四种基金。

（1）货币基金

货币基金的全称是货币市场基金，专门投向市场上风险小的短期有价证券。

简单来说就是，基金公司搜集社会上分散的、流动性较强的钱，一起投资短期国债、短期银行存款、央行票据或商业票据等短期且投资门槛较高（只向机构或大户开放）的产品。

可以说，这种基金就是为了保本而设计的，牺牲一部分收益换取本金的万无一失。

其实不用记得太多，只要知道货币基金是一种收益较低（但比银行活期高，目前年化收益率在2%～3%之间徘徊），风险也很低，而且很灵活（很多货币基金已经支持随存随取、1分钱起购了）的基金就可以了。

实际上，余额宝、微信零钱通就是货币基金，现在市面上的各种宝宝型产品（汇添富现金宝、招商招钱宝等）本质上也是货币基金。

介绍两个常见的判断货币基金收益的数值：万份收益和7日年化收益率。

万份收益：假设你投资了1万元，除掉本金后，一天能获得的纯收益就是万份收益。当天的收益在当天得出结果，是一个实时数据，方便投资者判断自己的具体收益。下面举个例子来说明这个概念。

假设我们投资10000元到某只货币基金之后，每天可以产生1元的收益，一年将产生365元的收益。我们便可计算出该货币基金的年收益率为：365÷10000=3.65%。反过来，看到年化收益率为3.65%的货币基金，我们就能知道如果放10000元钱进去，一年下来大概的收益是365元。而上面假设的投资10000元之后每天产生的1元收益，便称为万份收益。

7日年化收益率：取最近7个交易日获得的收益，计算出这7天的平均收益率，并且假设一年后都能保持这样的收益水平。这是用历史收益水平对未来收入的预判数据。这个数据只反映短期的收益水平，如果行情有变，预期也会发生变化（14日年化收益率概念与此同理）。下面举个例子来说明这个概念。

某只货币基金，7日年化收益率是4%，我们买10000元，理论上1年的收益应该是10000×4%=400（元）。但实际上这个收益是不断变化的。大家熟知的余额宝从当初的7日年化收益率4.88%下降到2.049%，也就用了几年的时间。

从严格意义上说，货币基金也有风险，但由于其投资的标的风险都很低，目前还未出现过亏损的情况（历史上有过一次风险事件，但也很快就扳回损失）。对于货币基金，在实际的投资理财中，主要用作现金规划，基本上大家都是作为活期存款的替代来使用。

关于货币基金的具体介绍，在本书的第2部分中将有专门的章节详细阐述。

（2）债券型基金

债券型基金（简称“债基”）就是专门投资债券的基金。一般来说，债券型基金按照不同的分类标准可以分成不同的种类。按照所投资标的划分，债券型基金可分为“纯债基金”“一级债券型基金”和“二级债券型基金”（见图1-1）。把所有的资金都用于投资债券，不买其他的，这类是“纯债基金”。有些债券型基金把主要资金投资于债券，但还参与新股申购，这类是“一级债券型基金”。有些债券型基金会拿不超过20%的权重配置股票，以追求更高的收益，这类属于“二级债券型基金”。所谓债券型基金，其实就是大部分资金（不能低于80%的仓位）投资于债券的基金。不同于股票型基金以投资的股票主题来命名，大部分债券型基金都会标明投资债券的品种，这是因为不同的债券所代表的收益和风险也是不同的，常见的债券包括国债、企业债、信用债等。

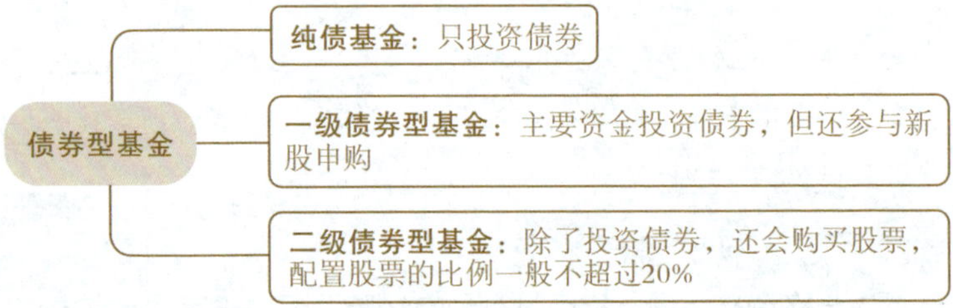

图1-1　债券型基金的类型

债券是一种债务关系，债券型基金和债券有所区别（见表1-2）。债券型基金风险很小（但不是没有），收益也不大。对于债券型基金，在实际的投资理财中，大家一般用在熊市行情做防御性投资工具。

关于债券型基金的具体介绍，在本书的第2部分中将有专门的章节详细阐述。

表1-2 债券与债券型基金的区别

项目	债券	债券型基金
本金损失	如果持有至到期日，没有	如果债券价格下跌，有
投资分散化	不是，除非购买了大量的债券	是
容易买卖	不是，除了国债	是
定额利息	是	不是
专家管理	不是	是

（3）混合型基金

混合型基金，就是个万花筒，投什么、怎么样投都可以。

它是一种既可以投资成长型股票、价值型股票，又可以投资债券等固定收益产品的共同基金。混合型基金设计的目的是让投资者通过选择一款基金品种就能实现投资的多元化，而无须去分别购买风格不同的股票型基金、债券型基金和货币市场基金。

具体还可以细分如下：

偏股型混合基金，股票占比60%～95%。

偏债型混合基金，债券占比不得低于50%。

股债平衡型混合基金，各占一半。

灵活配置型混合基金，对股票和债券占比没有明确规定，根据市场调整。

混合型基金的回报和风险低于股票型基金，高于债券型基金和货币市场基金，是一种风险适中的理财产品。投资者会同时使用激进和保守的投资策略，一些运作良好的混合型基金的回报甚至会超过股票型基金。

有一点，大家要注意，有很多买混合型基金的投资者会投资比较多的股票，也就是股票会占很大仓位，这样的混合型基金其实和股票型基金是没什么差别的。

和股票型基金相比，混合型基金投资相对灵活，越来越受到投资者的青睐，近年来在整个基金市场已经成为占比最大的一种类型。

（4）股票型基金

所谓股票型基金，顾名思义，就是大部分资金（不能低于80%的仓位）投资于股票的基金。

当然，上市的股票太多，为了更加方便投资者选择基金，同时也因为基金经理的擅长领域有所不同，一般的股票型基金都会再进行主题细分。

比如，专门投资于医疗行业的广发医疗保健股票A（004851）、专门投资于沪港深主题的嘉实沪港深精选股票（001878）、专门投资于科技行业的富国互联科技股票A（006751）。

大部分股票型基金从名字上就可以看出投资的股票主题。

股票型基金，因其投资标的是股票，所以收益和风险在各类基金中都是最高的。根据《漫步华尔街》的作者马尔基尔统计的1950—2013年的普通股年收益率范围来看，股票型基金是目前能做到高收益且低风险的最好选择。

因此，股票型基金是我们研究投资的重点。

目前国内很火爆的指数基金，其实就是一种股票型基金，它是一种被动型股票基金。关于指数基金的具体介绍，在本书的第2部分将会详细阐述。

（5）其他基金类型

从交易方式来说，基金又可分为公募基金和私募基金、开放式基金和封闭式基金、场内基金和场外基金、主动型基金与被动型基金等。

公募基金和私募基金。公募基金是向不特定投资者公开发行受益凭证的证券投资基金，所有人都可以投资，一般买入门槛很低。私募基金，即对私人发行，一般门槛比较高，上百万元起。对于普通投资者来说，只需搞清楚公募基金就可以了。

开放式基金和封闭式基金。开放式基金，顾名思义，就是完全放开交易的基金，随时可以申购和赎回。相对地，封闭式基金有交易封闭期，发行的数量固定，买入后不能随时赎回。由此可见，开放式基金的规模可变化，在运行期间，只要有人愿意买，它的规模就可以变大。封闭式基金的规模不可变，且有明确存续期，在此期限内已发行的基金份额不能被赎回，投资的资金只能通过二级市场进行交易（像股票一样买卖）。

从图1-2可以看到，截至2019年10月，我国基金市场上以开放式基金为主，占了99.7%。在开放式基金中，非货币开放式基金占了约43%，货币基金占了约57%。

截止日期 2019-10-07　分类方式 封闭开放式　☑ 剔除ETF联接基金市值　☐ 短期理财视为债券型基金

序号	基金类型	数量合计/只	占比/%	份额合计/亿份	占比/%	资产净值合计/亿元	占比/%
1	封闭式基金	124	2.14	780.96	0.60	1429.7652	1.05
2	大盘封闭式基金	4	0.07	484.93	0.37	507.0915	0.37
3	中小盘封闭式基金	120	2.07	296.03	0.23	922.6738	0.68
4	开放式基金	5802	99.93	129629.51	99.40	135743.0207	99.71
5	非货币开放式基金	5421	93.37	52586.13	40.32	58603.8646	43.05
6	货币基金	381	6.56	77043.38	59.08	77439.1561	56.66
7	全部基金	5806	100.00	130410.47	100.00	136139.7163	100.00

图1-2　开放式基金和封闭式基金分布情况

场内基金和场外基金。场就是股票交易市场，也就是大家说的二级市场，对国内的基金来说，这个“场”一般特指上海证券交易所和深圳证券交易所，就是俗称的深市和沪市。场内基金其实就是你用股票软件才能买卖的基金。交易方式和买卖股票没有区别，所以，一般新手刚刚开始投资基金，不建议投资场内基金。价格波动和股票一样，在开盘时间随时上涨或下跌，特别是行情波动比较剧烈时，对新手的心理冲击是很大的。

场外是指股票交易市场之外，包括银行、证券公司的代销、基金公司的直销方式等。在股票交易市场外投资的基金就是场外基金。目前比较方便的是在互联网第三方交易平台投资场外基金，比如很多人在用的天天基金网就是一个很好的基金投资平台。

按交易场所进行分类的基金类别见图1-3。

ETF：交易型开放式指数基金，它就是场内购买的主要对象。

ETF联接基金：ETF只能在场内买，如果场外的人也想买，怎么办？ETF联接基金诞生了。

两者的区别在于，ETF买一篮子股票，而ETF联接基金买了ETF。

LOF：上市型开放式基金，和股票一样，可上市交易。

它和ETF一样，都可以在场内买卖，区别在于ETF是指数型，LOF多是主动型，且可以在场外买卖。

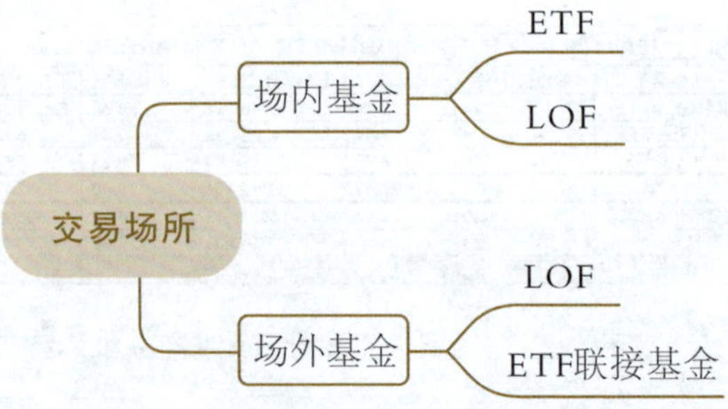

图1-3 按交易场所进行基金分类

投资场外基金不是“买”和“卖”，要用“申购”和“赎回”的说法。基金的申购和赎回并非是实时交易的。申购一般是先交钱，之后再交货。为什么呢？因为每天买基金、卖基金的人实在太多了，基金公司根本顾不过来。于是，只好让买基金的人先交钱，然后晚上统一算清楚谁买了基金，买了多少钱，第二天再把基金给你。如果晚上算账的时候还不停有人来买卖该怎么办呢？为了避免这种情况，基金公司又设置了一个时间节点，即15:00（与股市收盘时间一致）。凡是15:00之后买的基金，就要等到次日晚上才帮你算账，你就要等到第三天才能收到基金。

因此，就以15:00至次日15:00作为一个交易日，也就是我们常说的T日。目前而言，申购基金的普遍确认时间是“T+1”日，当然也有一些特殊的基金是需要“T+2”日或“T+3”日的。

赎回一般是“T+2”日或“T+3”日，之所以时间更长，主要是为了资金安全。

现在大家说投资基金，其实是以场外基金为主，每天看一下当天的基金净值确认一下自己的盈亏，不用像场内基金那样承受行情的实时波动（见表1-3）。所以，新手投资基金，从场外基金开始比较好。

表1-3　场内基金与场外基金的区别

项目	场内基金	场外基金
交易机制	场内交易，与其他投资人直接购买基金份额	场外交易，通过基金公司完成购买，第三方平台上的基金产品的背后也是基金公司
买卖价格	以基金本身的价值（净值）为基础，还取决于买卖双方的需求。比如有的基金场内交易火爆，买的人多，成交价可能比净值高（溢价）；反之可能会比净值低（折价）。具体价格以成交价格为准	交易日结束后计算出的基金净值。比如1份基金的价格是1元，你买100元就是买了100份

（续表）

项目	场内基金	场外基金
购买途径	证券交易所	基金公司、银行、第三方平台（如支付宝）
交易费用	与券商的交易佣金相关，不同券商的佣金可能不同，目前一般在万分之三左右	混合型基金、股票型基金比较高，一般为1.2%～1.5%。平台会有一些打折活动，有的甚至会打1折
可购买基金范围	只能购买特定种类的基金	市面上的绝大多数基金均可购买
投资门槛	每笔交易最少100份。因为不同基金的价格不同，如果这只基金每份10元，则最少需要1000元	一般10～1000元都可以，甚至还有1元起投的

主动型基金和被动型基金。主动型基金是指基金经理可以完全按照自己的投资理念和交易策略自主地选择标的来进行投资，有非常大的灵活性，调仓换股基本不受限制。被动型基金就是被动跟随选定的指数，完全以指数的成分股为投资对象来进行操作的基金，所以指数基金都是被动型基金（见表1-4）。

表1-4　主动型基金与被动型基金的区别

项目	主动型基金	被动型基金
评价标准	主要看产品业绩是否跑赢了业绩比较基准以及在同类产品中的排名	主要看被动型产品与所追踪指数的拟合程度
影响业绩的因素	受基金经理个人风格的影响比较显著	由于追求对某种指数的复制而受市场表现影响较大
费率	相对较高	相对较低

1.4 基金投资常用术语

（1）净值和分红

基金的净值一般是指单位净值，是当前的基金总净资产除以基金总份额的数字；简单说，就是每一份额值多少钱。累计净值，是指基金的最新单位净值与成立以来的分红业绩之和，也就是基金自成立以来所取得的累计收益。大家常用累计净值来观察基金在运作期间的历史表现。

现金分红指的是直接给你现金，打到银行账户里；红利再投资指的是把分红作为本金再次进行投资。虽然现金分红看着更加诱人，但是红利再投资是一种复利增值，收益着眼于未来；相比之下，现金分红就是单利增值，收益是确定了的。顺便说一句，红利再投资是免申购费的。

（2）交易费用

认/申购费：投资人购买基金单位需支付的费用，主要用于向基金销售机构支付销售费用以及广告费和其他营销支出。可在投资人购买基金单位时收取，即前收申购费（又叫前端模式）；也可在投资人卖出基金单位时收取，即后收申购费（又叫后端模式），其费率一般按持有期限递减，适合长期投资者。

后端收费的设计日的是鼓励投资者长期持有基金，因此，后端收费的费率一般会随着持有基金时间的增长而递减。某些基金甚至规定如果投资人在持有基金超过一定期限后才卖出，后端收费可以完全免除。

部分基金在认购上也推出前端和后端两种收费模式。前后端模式一旦选择就不能更改。

目前，股票型基金的认/申购费率大致为1%～1.5%，如果资金量大，其费率有相应的优惠。在进行基金的持续营销时，往往会推出费率优惠措施。此外，通过网上直销渠道购买基金，也能享受到相对优惠的费率，比如天天基金网目前大部分基金的认/申购费都是1折，也就是0.15%。

赎回费：投资人卖出基金单位时支付的费用。赎回费与后收申购费不同，后收申购费属于销售佣金，赎回费则是针对赎回行为收取的费用。后收申购费收入由基金管理公司支配，而赎回费收入则归基金所有。因此，如果你购买的是后端收费的基金，那么在你卖出基金时，除了必须支付赎回费以外，还必须支付采取后端收费形式收取的申购费。目前，股票型基金的赎回费率一般为0.5%，资金量大时，其费率也能享受相应的优惠。

（3）基金运营费用

基金运营费用指基金在运作过程中发生的费用，主要包括管理费、托管费、其他费用等，这些费用直接从基金资产中扣除。对于基金投资者来说，这些费用是隐性的。

基金管理费：支付给基金管理人的报酬，其数额一般按照基金净资产的一定比例（年率）逐日计算累积，从基金资产中提取，定期支付。基金管理费是基金管理人的主要收入来源，基金管理人自己的各项开支不能另外向基金或基金公司摊销，更不能另外向投资人收取。每日计提的管理费＝计算日基金资产净值×管理费率÷当年天数。

基金托管费：基金托管人为基金提供托管服务而向基金或基金公司收取的费用。托管费通常按照基金资产净值的一定比例提取，逐日计算累积，定期支付给基金托管人。每日计提的托管费=计算日基金资产净值×托管费率÷当年天数。

其他费用包括注册登记费、席位租用费、证券交易佣金、律师费、会计师费、信息披露费和持有人大会费等。

基金运营费用是基金运作中的重要成本，不同类型的基金在运营费用上的差别非常大。上述基金运营费用及收费方式等都应在基金的招募说明书中公布，对于某只具体基金的收费，投资者可以去该基金的招募说明书中查询。

（4）交易规则

基金的交易受时间限制，基金的交易时间为交易日，也叫“T”日，是指除节假日外的周一至周五，交易时间是上午9:30~11:30、下午1:00~3:00。

周六、周日和国家法定节假日，是基金的“非交易日”。虽然网上可以7×24小时全天候交易，但实际是一种预约交易，要到最近的交易时间才能成交、确认。

如果在非交易日，如周末购买或赎回基金，都会顺延到下一个交易日，所以如果你在周五下午3点之后购买或赎回基金，要到下个周二才能确认，到下个周三才能查看盈亏。

如果是在长假前最后一个交易日申购，无论是下午3点前还是3点后交易，基金公司都是在长假后才确认申购，待确认期间无法查看盈亏。

基金交易存在几个原则：“未知价”原则、“先进先出”原则、“金额申购、份额赎回”原则。

“未知价”原则。投资者在买卖基金时，是按照交易当日的基金净值来计价的，而基金净值一般在第二天公布。所以，在交易时还不知道当日的基金净值是多少，投资者并不知道自己买了多少数量（份额）的基金。小技巧：基金网站以及App现在都提供了“实时净值”这一数据，虽然不是最终的净值，但是可以作为申购/赎回的重要参考。特别是在基金大跌需要补仓时，就可以通过参考实时净值在当日15:00前补仓，赎回也是同样的道理。

“先进先出”原则。每份基金单位在赎回时是单独计算持有期的。基金持有人每一笔交易申请的时间和金额/份额明细，在注册登记系统和销售机构电子系统中均有记录。基金赎回时按照“先进先出”的原则，即最先被买入的基金，最先被赎回。基金份额持有期限与赎回费率的对应关系，可参见相关基金的招募说明书。也就是说，谁最先买入基金，谁就最先赎回。这一原则在平时没有什么影响，但在基金出现大量兑付时显得尤为重要。举个例子：某只基金由于“黑天鹅事件”出现，连续多日暴跌，投资者纷纷要求赎回。这时，买得早的投资者就先赎回。

“金额申购、份额赎回”原则。在买入（申购）基金时，是以金额进行申购，再转化为基金份额；在卖出（赎回）基金时，是以基金份额进行赎回，再转化为金额。这一原则，主要是因为开放式基金的份额和净值随时都在变动。

1.5 投资基金的优势

优势一：省心省力。不用盯盘，买卖方便，随时随地皆可下单。

优势二：专业管理。依托基金公司的专业投研团队，投资经验更丰富。

优势三：资金安全。基金资产的投资操作、资金托管分别由基金公司、托管银行负责，资金更安全。

优势四：分散风险。100元即可买一篮子精选股票/债券组合，有效降低投资风险。

兴哥小灶

在每一章的最后，兴哥会就本章内容开个小灶，给大家讲些“私货”。

在这里，先给各位基金投资新手一个实操建议：刚开始投资基金，只投资场外基金，不要碰场内基金，你会受不了即时行情的短线波动。

基金是我们理财最重要的工具。它的投资品种非常丰富，从高风险到中风险再到低风险一应俱全，各种投资者都能找到适合自己的产品，并做好资产配置。

对一般的新手来说，可以参考下面的配置：

货币基金投资于短期货币市场工具，流动性好、风险较低，适合对风险极度敏感、希望对零钱进行短期资金管理的投资者。

债券型基金80%以上投资于债券，牛市时收益较高，但熊市时也会发生亏损，风险、收益适中，适合有一定风险承受能力的投资者，做资产配置的稳健端。

混合型基金灵活配置股票、债券等不同品种，根据市场情况灵活进退，基金经理的选股、择时能力都很关键。股票型基金至少持有80%以上的股票仓位，大涨大跌、波动较大，基金经理的选股能力很关键。混合型基金和股票型基金的风险、收益都较高，适合有强大风险承受能力、希望掘金于变化较大的市场的投资者。

最后讲两个大家最关心的问题。

（1）基金怎么赚钱？

低位买入好基金+持有3年以上，就能赚钱，就这么简单！

如图1-4，2005年初在低位置买入最简单的指数基金沪深300，回家睡觉躺15年，就能赚年化10%以上的收益。

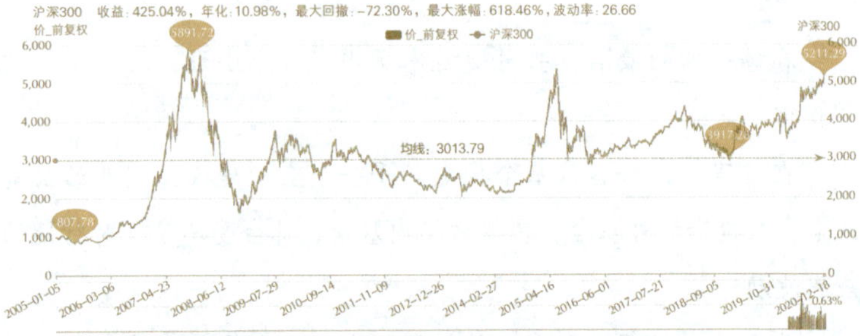

图1-4　2005—2020年，沪深300的年化收益率

（2）为什么很多人投资基金会亏钱？

原因主要有两点：

第一，拿不住。今天买入沪深300，未来连续跌1年，80%的人都会卖掉，亏钱离场。能熬过漫长的下跌，长期拿3年不动的人极少。散户的耐心只有3个月，这是人性巨大的弱点，非常难克服。

第二，牛市跟风买在山顶。开始说了，很多人买基金是看到周围人都赚钱了，开始跟风买基金。当周围人都赚钱的时候，大多是牛市的后期，这时跟着去买很容易买在牛市的顶部。很快，牛市结束，市场开始下跌，大多数人又赶快割肉，亏钱离场。

图1-5中蓝色树状图的长短代表了当时基金的购买量。大家可以清楚地看到，牛市时大家都在疯狂地买入基金，而熊市时基金几乎无人问津。

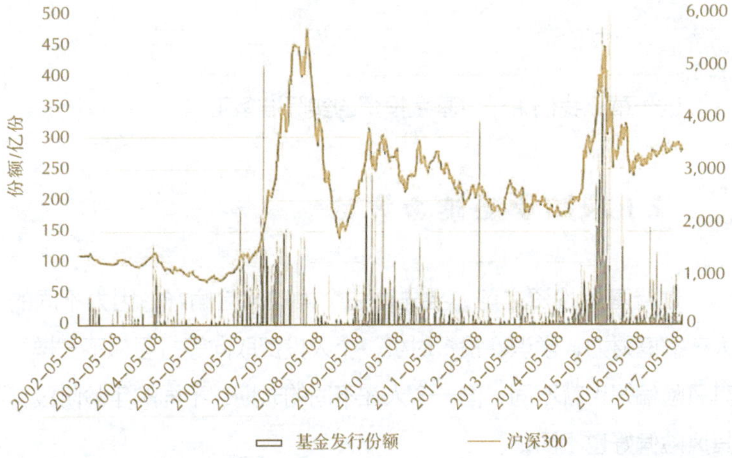

图1-5　2002年5月至2017年5月
权益类基金发行募集规模与沪深300走势

所以，我们投资基金一定要回避这两个亏钱的情况，要让自己能拿住，不盲目跟风，以平常心看待行情的波动起伏，这样投资基金才会赚钱。

第2章 基金投资，你准备好了吗

这一章，我们讲一讲基金投资的实际准备工作。

2.1 风险承受能力评估

进行基金投资之前，要先评估个人的风险偏好，因为不同的人在家庭财力、学识、投资时机、个人投资取向等方面都不一样，其风险偏好也就不同；同一个人在不同的时期、不同的年龄阶段，其风险偏好也不同。

什么是个人风险偏好？

举例说明。

① 老王拿着100万元去做生意。由于行业比较成熟，老王有50%的概率赚10万元，有50%的概率亏掉10万元本金。那么，老王的预期收益就是0，会不赚不赔。最大收益为10万元，最大损失为10万元。

预期收益：用收益的钱乘以收益的概率，减去损失的钱乘以损失的概率。

② 隔壁老张觉得做生意来钱慢，于是选择去炒股。他曾在投资机构任职，擅长做行情分析，而且投资比较稳健，从不满仓。所以老张拿着100万元去炒股，有70%的概率赚50万元，有30%的概率亏20万元。那么老张的预期收益是29万元。最大收益为50万元，最大损失为20万元。

③ 老张的儿子小张看到爸爸炒股这么厉害，也来凑热闹，但小张不会分析，只靠运气，经常满仓某只股票，手法非常激进。运气好就疯涨，运气不好就全亏。小张也拿100万元炒股，又借了200万元做杠杆，小张有20%的概率赚600万元，有80%的概率亏300万元。小张的预期收益为-120万元。最大收益为600万元，最大损失为300万元。

④ 老张的同学老李，看到老张稳稳赚钱，于是找到老张说，我把钱借给你，你去投资，每年给我2%的利息（假设通货膨胀为0），如果你炒股亏钱了，就强制平仓，保障我的钱不亏掉。于是老李投给老张100万元，那么他的预期收益为2万元。最大收益为2万元，最大损失为0。

分析一下就知道，最有可能赚到钱的是案例②，最有可能亏的血本无归的是案例③。

但现实生活中不是这样的。

现实中，由于人们对风险认识不足，个体只有成败，涉及不到直观的概率，所以大部分人只能看到“最大收益”，觉得最多能赚600万元，因此去冒险。如果要选择，他们会选择案例③，虽然最终期望收益是亏损的，但他们愿意以极小的概率去赌一把高收益。这部分人就是“风险偏好大”。

还有一些人，不想赚很多钱，只想有稳定的收益，在他们眼里，最大收益是多少并不重要，重要的是最大损失是多少。因此，趋于保守的他们倾向于选案例④，因为其最大损失为0。这部分人就是“风险偏好小”。

这就是为什么彩票等投资手段预期收益显然为负数，但还是有那么多人去博。因为他们的风险偏好很大，认为亏损的概率不会发生在自己身上，自己是天选之人，是幸运之神。

而银行存款、国债等投资手段，虽然收益非常少，但还是有很多稳健投资者去购买。因为他们的风险偏好很小，担心小概率事件会发生在自己身上，非常担心风险，十分害怕亏损。

按照个人风险偏好来划分，可以将投资者分为五种类型：保守型、轻度保守型、中立型、轻度进取型、进取型（见表2-1）。

表2-1 投资者个人风险偏好类型及特点

序号	类型	特点
1	保守型	保护本金不受损失和保持资产的流动性是首要目标。希望投资收益极度稳定，不愿用高风险来换取收益，通常不太在意资金是否有较大增值。在个性上，本能地抗拒冒险，不抱碰运气的侥幸心理，通常不愿意承受投资波动对心理的煎熬，追求稳定
2	轻度保守型	稳定是重要考虑因素，希望在保证本金安全的基础上有一些增值收入。希望得到一定的收益，但常常因回避风险而最终不会采取任何行动。在个性上，不会很明显地害怕冒险，但承受风险的能力有限
3	中立型	渴望有较高的投资收益，但又不愿承受较大的风险；可以承受一定的投资波动，但是希望自己的投资风险小于市场的整体风险，因此希望投资收益长期、稳定地增长。在个性上，有较高的追求目标，而且对风险有清醒的认识，但通常不会采取激进的办法去达到目标，而总是在事情的两极之间找到相对妥协、均衡的方法

（续表）

序号	类型	特点
4	轻度进取型	专注于投资的长期增值。常常会为提高投资收益而采取一些行动，并愿意为此承受较大的风险。在个性上，通常很有信心，知道自己要什么并甘于冒风险去追求，但也不会忘记给自己留条后路
5	进取型	高度追求资金的增值，愿意接受可能出现的大幅波动，以换取资金高成长的可能性。为了最大限度地获得资金增值，常常将大部分资金投入风险较高的品种。在个性上，非常自信，追求极度的成功，常常不留后路以激励自己向前，不惜冒失败的风险

那么，投资者如何来判断自己的风险偏好和风险承受能力呢？新手在开始投资之前，可以先通过表2-2、表2-3、表2-4来测试一下自己的风险承受能力，再根据自身情况，选择适合自己的基金产品。

表2-2　投资偏好调查问卷

1．你的好朋友会用下列哪个句子来形容你？（　　）

A. 能够承受很大的风险

B. 经详细分析后，你愿意承受风险

C. 一个小心谨慎的人

D. 不愿承受风险

2．假设你参加了一个电视游戏节目获奖了，可选择以下其中一项。你会选择（　　）

A. 当场获得1000元现金

B. 有50%的机会赢取3000元现金

C. 有25%的机会赢取8000元现金

D. 有5%的机会赢取50000元现金

（续表）

3．你刚刚有足够的储蓄实践自己一直梦寐以求的旅行，但在出发前三个星期，你忽然被解雇。你会（　　）

A. 取消旅行

B. 选择另外一个比较普通的旅程

C. 依照原定计划，因为你需要充足的休息来准备寻找新的工作

D. 延长旅程，因为这次旅行可能成为你最后一次的豪华旅行

4．如果你突然有2万元可用于投资，你会（　　）

A. 将它存入银行账户、货币市场账户、存款证或定期存款

B. 投资一些比较安全及高质量的债券或债券基金

C. 投资股票或股票型基金

5．根据你自己的经验，你对投资股票或基金安心吗（投资股票或基金令你担心吗）？（　　）

A. 不完全安心　B. 有少许不安心　C. 非常安心

6．对于“风险”一词，你的第一个感觉是（　　）

A. 损失　B. 不明朗　C. 机会　D. 兴奋

7．专家估计一些资产如黄金、珠宝、珍藏物和房屋（实质资产）的价格会上涨，而债券的价格会下跌，但他们认为

（续表）

政府债券相对比较安全。如果你现时持有大量政府债券，你会（　　）

A. 继续持有

B. 卖掉债券，然后把得来的资金一半投资到货币市场，另一半投资到实质资产

C. 卖掉债券，然后把所有得来的资金投资到实质资产

D. 卖掉债券，除了把所有得来的资金投资到实质资产外，还向别人借钱来投资实质资产

8. 以下四个投资选择，你个人比较喜欢（　　）

A. 好的情况下会赚取200元，最差情况下损失0元

B. 好的情况下会赚取800元，最差情况下损失200元

C. 好的情况下会赚取2600元，最差情况下损失800元

D. 好的情况下会赚取4800元，最差情况下损失2400元

9. 如果你现在得到一笔1000元的现金，并要求你选择以下其中一项，你会选择（　　）

A. 再额外多赚500元（即肯定得到1500元）

B. 50%的机会额外多赚1000元，50%的机会维持得到1000元现金

10. 如果你现在得到一笔2000元的现金，并要求你选择以下其中一项，你会选择（　　）

A. 从2000元中损失500元（即肯定得到1500元）

B. 50%的机会额外损失1000元，50%的机会维持得到2000元现金

（续表）

11．假设你继承了10万元遗产，你必须把所有遗产投资以下其中一项，你会选择投资（　　）

A. 一个储蓄账户或货币市场基金

B. 一只拥有股票和债券的基金

C. 一个拥有15只蓝筹股的投资组合

D. 一些保值的投资产品，如金、银或石油

12．如果你拥有2万元可投资，你会选择下列哪一组合？（低风险投资包括债券和债券型基金；中风险投资包括股票和股票型基金；高风险投资包括期货和期权）（　　）

A. 低风险占60%，中风险占30%，高风险占10%

B. 低风险占30%，中风险占40%，高风险占30%

C. 低风险占10%，中风险占40%，高风险占50%

13．你的好朋友和邻居连同一位知名的地质学家组成一个探索金矿的研究小组，一旦探索成功，回报有50~100倍；但如果失败，你将血本无归。你的朋友估计这项计划的成功率约为20%。假设你有足够的资金，你是否会投资？（　　）

A. 不会

B. 会，少量参与

C. 会，将手头的闲钱都投入

D. 会，尽量筹集资金全额投入

表2-3　风险承受能力计分评估

题号	分值			
	A	B	C	D
1	4	3	2	1
2	1	2	3	4
3	1	2	3	4
4	1	2	3	—
5	1	2	3	—
6	1	2	3	4
7	1	2	3	4
8	1	2	3	4
9	1	3	—	—
10	1	3	—	—
11	1	2	3	4
12	1	2	3	—
13	1	2	3	4

表2-4　投资偏好类型和风险承受能力评估

类型	得分下限/分	得分上限/分
进取型	36	47
轻度进取型	30	35
中立型	24	29
轻度保守型	19	23
保守型	13	18

投资是一件很严谨的事。大家一定要了解了自己的风险偏好之后，有选择、有计划地投资基金，这样才能有好的心态。

而好的心态是投资基金赚钱至关重要的前提。

2.2 确定投资预期

我们做投资都需要有一个目标，这个目标就是投资预期。确定自己的投资预期有两点：①不要设定过高的投资期望；②太低也不行，起码要跑赢CPI（消费者物价指数）。

那么，到底设多少合适？

一般10年期国债收益率（见图2-1）可被看成是当下投资市场的无风险收益。也就是说，预期年收益率小于等于10年期国债收益率，本金和利息一般都是有保障的。

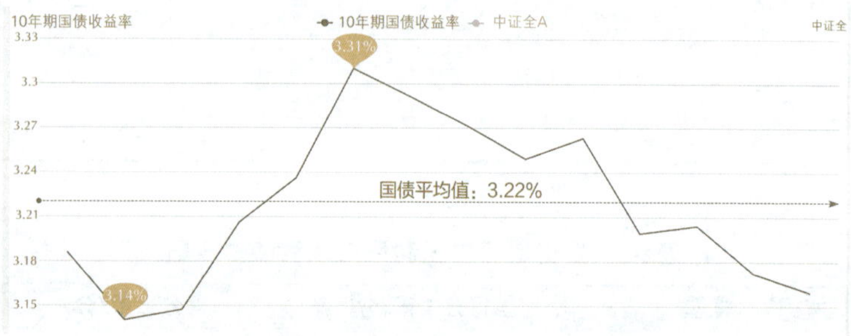

图2-1　2021年1—4月，我国10年期国债收益率

2021年以来，10年期国债的收益率基本在3.1%～3.3%之间浮动。因此，收益率在这个区间里的理财产品即为无风险收益产品。

收益率在2%～4%区间的，是具有高流动性的货币市场基金，也就是余额宝等的正常收益水平，基本上没什么风险。

5%～6%区间，是长期国债/债券型基金/保本型银行理财产品/养老年金保险大致的年化收益区间，这个收益基本上也还是靠谱的，但流动性不如货币基金。

6%～7%区间，是分级基金[①]A类份额的约定年化回报率。这个收益一般也是比较安全的。

7%～9%区间，是比较靠谱的信托和P2P的收益水平。这基本上就是我们做无风险理财的收益上限了。

不过，2018年资管新规做出规定，保本保息的理财产品必须在2020年底前退出市场。这也就意味着，无论基金还是其他理财产品，都不再是绝对无风险的收益产品。还是那句老话，投资有风险，入市需谨慎。

不同类型基金的收益及波动风险见表2-5。

表2-5　不同类型基金的收益及波动风险

基金类型	长期收益	波动风险
股票型基金 指数型基金 主动型基金	10%～15%	30%～50%
债券型基金	4%～5%	8%以内
货币基金	2%～3%	几乎为0

开篇我们就说过，我们追求的是年均8%～12%的收益。按复利计算，7～9年，资产就能翻一番，关键是所承受的风险可控，大家不要小看亏损这件事。

① 目前分级基金这一国内金融创新的产物已经正式谢幕。2020年12月2日，存量分级基金密集发布分级份额终止运作并将终止上市等公告，公告显示最后交易日定为2020年12月31日，并于2021年1月起终止上市。

如果你今年赚60%，明年亏损50%，后年赚40%，大后年亏损30%，再后年赚20%，再再后年亏10%。从表面上看，好像你前一年赚的钱都比你后一年亏的钱多10%，但实际上6年后你还亏了15%！

所以，保住本金非常重要。我们选择基金产品，就是要选出那些收益较好、风险可控的基金。

上面的数据有些枯燥，关于投资预期我们可以像打游戏一样设定关卡，然后一关一关地过，最终的通关就是大家都想实现的财富自由了。

2.3 基金投资可以实现财富自由吗

这两年，行情比较好，很多人做基金投资尝到了甜头。不过，2021年春节后基金净值出现大规模下跌，不少明星基金成了重灾区，包括张坤、刘彦春、萧楠等。这给很多基金投资者泼了一盆冷水，本想靠投资基金实现财富自由，没想到挣点生活费都难。在挣钱的时候，觉得“巴菲特算个啥”，而在行情大跌亏钱的时候，又哭着喊着“把钱还给我”，这就是很多基金投资小白的心态了。

财富自由是终极目标，很多基金投资小白连第一关都没过，就想着通关了。

第一关，不亏钱。

我们投资基金的最低底线是不亏钱。说是最低底线，实际上对新手来说已经要求很高了，不亏钱其实很难，很多老手还是经常亏钱。不会玩基金的新手，谨小慎微，小打小闹，虽然赚不了多少，但是也赔不了多少。但是老手们自认为都弄懂看透了，一把梭哈结果被一巴掌拍死了。

不管新手还是老手，对待市场始终要有敬畏之心。大家都知道，风险和收益成正比。投资基金，特别是权益类基金，相对风险较大，不但有可能赚不到钱，而且还可能亏钱。有关基金怎么不亏钱的窍门，上一章的兴哥小灶简单归纳了两个要点，大家能照着执行就好，这里不再重复。

第二关，跑赢10年期国债收益率。

有数据显示，现在10年期国债收益率年化水平在3.2%。如果连无风险收益都跑不过的话，无形中我们也是在亏钱。

第三关，跑赢通货膨胀。

“通货膨胀”这个词，现在大家都有些了解了。简单来说，通货膨胀就是指我们的钱每年都在贬值，一般是看居民消费价格指数（CPI）这项经济指标。2010—2020年CPI数据见图2-2。

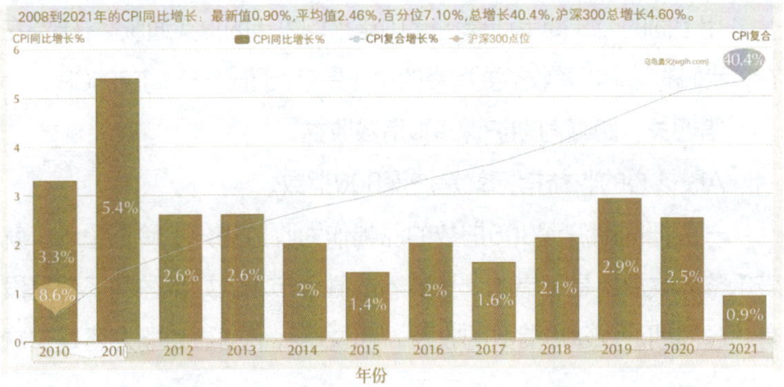

图2-2　近10年CPI数据

不过，真实的情况是，在生活中我们感受到的衣食住行等各方面的价格波动会更大。

广义上的通货膨胀，用公式表示为：M2[①]增速-GDP增速=真实通胀率。

2010—2020年M2和GDP数据见图2-3。

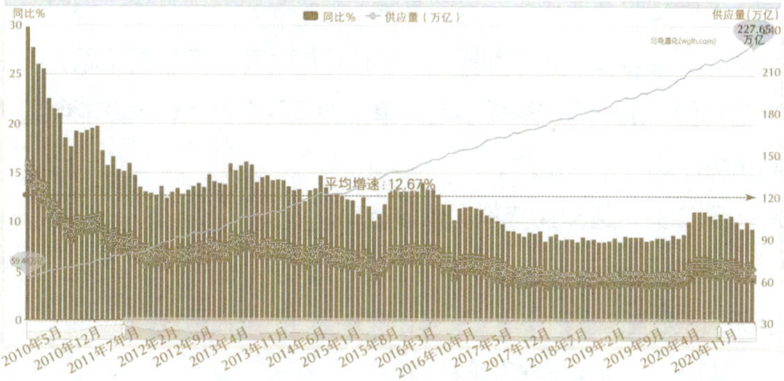

图2-3　近10年M2和GDP数据

2011—2021年，我国的M2平均增速在12.7%左右，这10年的GDP平均增速在6.8%左右。

用上面的公式简单计算，近10年平均每年的真实通胀率在6%左右。我们的基金投资收益要跑赢的也正是它，而非一个简单的CPI。

第四关，跑赢同期沪深300指数收益。

A股核心的收益指标就是沪深300指数。

一般把同期沪深300指数的涨幅作为收益的分水岭，超越了就表示整体收益还是不错的，意味着战胜了市场。如果盈利了但是没有超越同期沪深300指数的收益，那说明我们的盈利能力还是欠缺

---

① M2：广义货币，反映现实和潜在购买力。计算公式为：M2=M1+准货币。准货币=单位定期存款+居民储蓄存款+其他存款+证券公司客户保证金+……。

的，还不如直接去投资沪深300指数相关品种。

沪深300指数可以作为我们投资基金量化参考的机会成本，如果我们买了一只基金，一年收益有10%，而同期沪深300指数的收益有36%（2019年沪深300的真实涨幅），那我们就损失了还能多赚26%的机会。而这个机会是基金新手小白也能把握的，直接买一只沪深300指数基金就行。

近5年沪深300指数的收益是57.85%，图2-4中的基金大幅跑赢了沪深300指数。

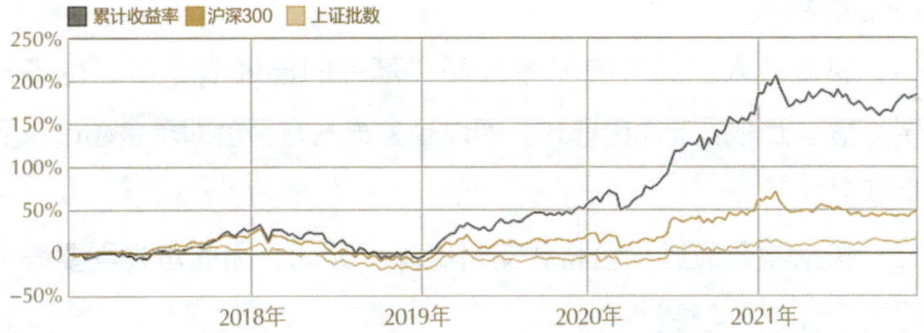

图2-4　某基金近4年的收益情况

这一关的难度在于持续性，短短一两年战胜市场不算什么，能够长时间打败市场才是关键。

最后一关，财富自由。

财富自由要结合所有的财务信息来综合分析，主要看现有资产和预期目标的差距。

如果你有1000万元，当你的目标是2000万元时，那可能一波行情你就实现财富自由了。如果你只有1万元，想实现1000万元的目标，难度就非常大，也不切合实际。

胡润百富榜2020年财富报告显示：在千万元资产“高净值家庭”构成中，有10%的家庭财富来自炒股。2020年中国的千万富翁一共有202万人，占中国14亿人口的0.14%。

换句话说，靠炒股、买基金发财的家庭，相当于万里挑一。

我们还是踏踏实实一关一关来吧。

2.4 到哪里找到适合自己的基金

购买基金，要选择合法靠谱的平台。基金的购买渠道有直销和代销两种。

现在，人们直接去基金公司买基金的已经很少了，也不方便。基本上都是走代销模式，通过基金第三方平台即基金超市来买卖基金。

买家需要通过平台将钱支付给基金公司，因此首先需要考虑的是平台的安全性。

判断的第一要素是牌照。在中国，基金销售实行审批制，机构必须拥有中国证监会及其派出机构颁发的“经营证券期货业务许可证”（见图2-5），才能开展基金销售业务。

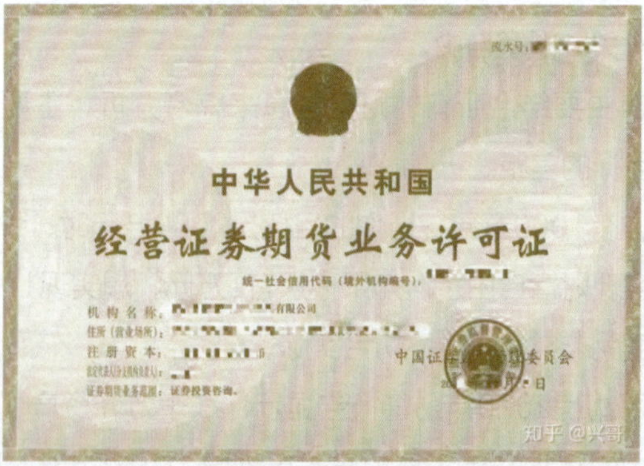

图2-5　经营证券期货业务许可证模板

截至2020年4月16日，国内获得基金销售业务资格的机构有381家。在证监会的网站上可以查询到这些机构的相关情况（见图2-6）。

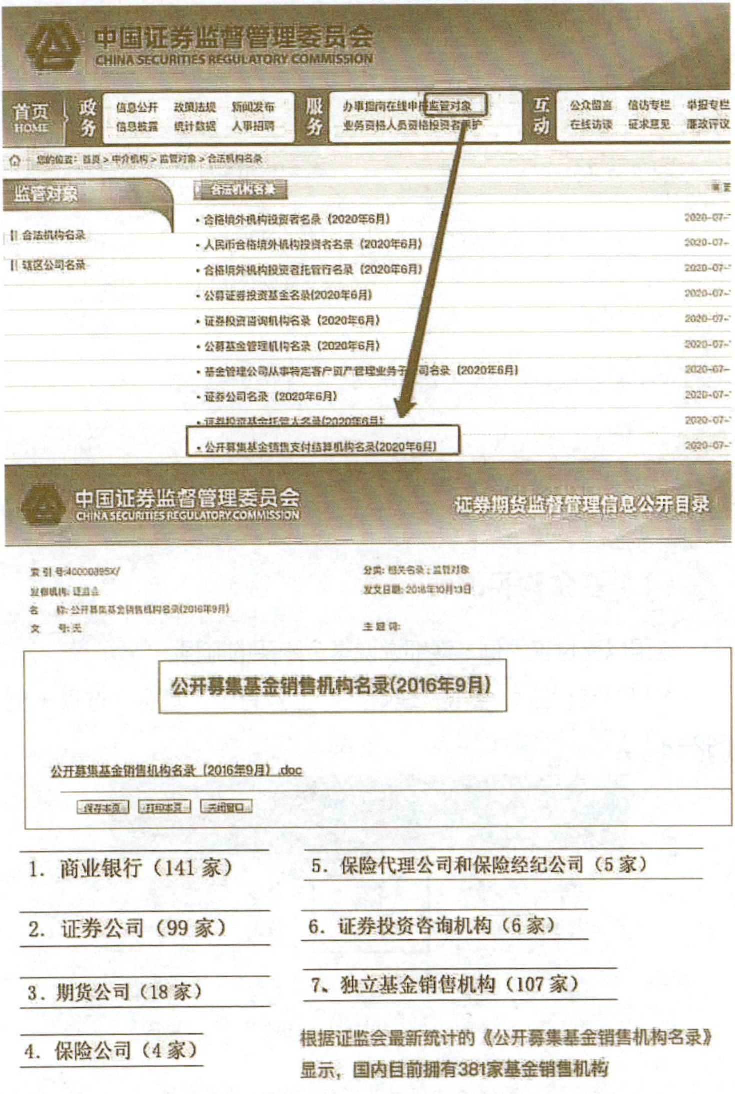

图2-6　证监会网站上的基金销售机构情况

其次，看平台背景。并不是所有的平台都能代销所有的基金，有些热门基金很可能只会选择流量大或专业的平台销售（见图2-7）。

现在市场份额最大的，还是大家熟悉的“支付宝”和“天天基金”。

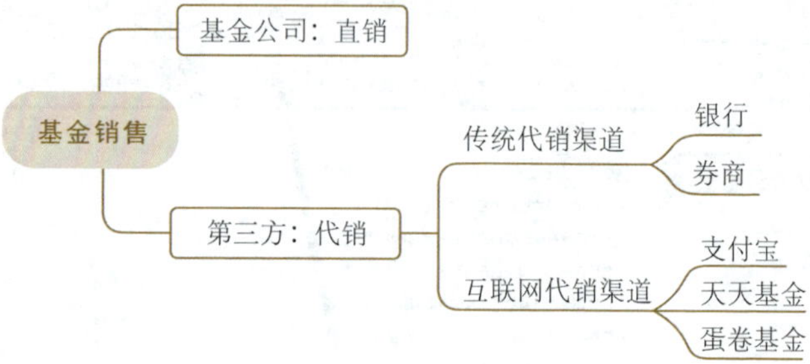

图2-7　基金销售方式及渠道

2.5 基金买卖流程

（1）基金购买流程

这里以支付宝为例，详细说说基金购买的流程。

①打开支付宝，点击“理财”，上方有个“基金”选项（见图2-8）。

图2-8　支付宝“理财”页面上的“基金”选项

②点击打开“基金”页面，在右上角搜索你想购买的基金代码或基金名称。比如，搜索“沪深300”，然后选择005918这只基金（见图2-9）。

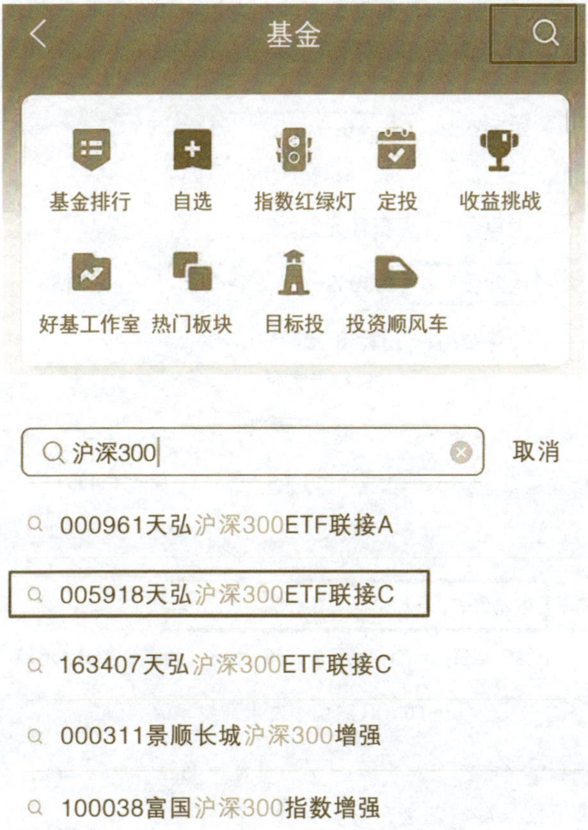

图2-9　在“基金”页面搜索想购买的基金

③选中后进入这只基金的页面，买入即可。

小知识

申购和认购的区别

在查看费率时，我们会看到，有的基金写的是申购费率，有的基金写的是认购费率。这两者究竟有什么不同呢？如图2-10所示。

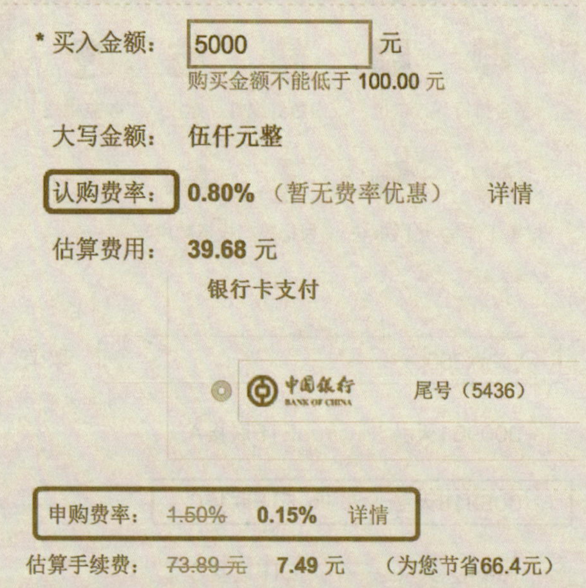

图2-10　认购费率与申购费率的区别

其实很简单，对于新成立的基金，购买行为一般被称为认购；对于成立后的基金，购买行为一般被称为申购。

除此之外，两者还有一个比较重要的区别，就是确认时间。目前而言，认购的确认时间，以新基金的募集时间为准；而申购的确认时间，一般为“T+1”日。

现在很多网站（包括基金公司和第三方平台），为了避免投资者疑惑，不管申购还是认购，一律称为购买。

（2）基金卖出的流程

不论申购还是认购，卖出统统被称为赎回。相比购买，卖出简单得多。

需要注意的是确认时间，申购的确认时间一般是“T+1”日，赎回时间一般都是“T+2”日或“T+3”日。

我们也可以通过基金转换来实现快速赎回（天天基金网称之为“极速赎回”）。

基金转换是指投资者在持有某公司发行的任一开放式基金后，可将其持有的基金份额直接转换成该公司管理的其他开放式基金的基金份额，而不需要先赎回已持有的基金单位，再申购目标基金的一种业务模式。比如，你持有华夏基金的基金A，现在你想买华夏基金的另一只基金B。通常做法是赎回基金A，再申购基金B，其实你可以直接进行基金转换，直接把基金A换成基金B。

如果在赎回时，将基金转换成货币基金，基金转换到货币基金通常“T+1”日即可完成，再叠加上货币基金“T+0”的功能，即可做到“T+1”日赎回。

（3）手续费的计算

与基金相关的费用主要包括两种类型，一种为运作费用，另一种为交易费用。

运作费用包括以下三种。

A．管理费：帮你管理这只基金收取的佣金。

B．托管费：基金公司代资管托管银行收取的托管费用。

C．销售服务费：比较特殊的费用项目，通常只出现在一些C类份额的基金上。

这三项费用都是按日计提的，即根据持有的份额，按照持有时间计算，直接从基金资产中扣除。每日计算，按月一次性支付。

交易费用主要包括以下四种。

A．申购费：申购基金时的手续费。

B．认购费：认购新基金时的手续费。

C．赎回费：赎回基金时的手续费。

D．转换费：同基金公司转换时需要支付的费用。

交易费用都是按次收费的。即在每次交易时，直接一次性收费。需要注意的是，每只基金的申购费、认购费并不是固定的，而是根据交易金额的大小有所不同。交易的金额越大，认购费率、申购费率就越小。赎回费同样不是固定的，而是根据持有的时间年限不同而不同。持有时间越长，费率越低。当然，基金公司也希望你持有时间越长越好，因为时间越长，你贡献的管理费就越多。

一般而言，管理费（同托管费）的计算方式为：

每日应付管理费=前一日基金资产净值×年管理费÷365

举个例子。你买了某只基金10000元，管理费是每年1.5%，那么第二天需缴纳的管理费就是：10000×1.5%÷365=0.41（元）。

关于管理费用的计提和支付方式，一般基金合同里都会有相应的条款。建议大家在购买基金时，关注一下基金合同里的基金费率和税收一项（见图2-11）。

基金管理费每日计提，逐日累计至每个月末，按月支付。由基金管理人向基金托管人发送基金管理费划付指令，基金托管人复核后于次月前两个工作日内从基金资产中一次性支付给基金管理人，若遇法定节假日、休息日等，支付日期顺延。

图2-11　基金合同里关于基金费率和税收的条款

申购费（同认购费）的计算方式为：

申购费=申购金额×申购费率

举个例子。某只基金当天价格为1.5元/份，申购费为0.8%，你准备拿1000元申购这只基金。那么，申购费用为：1000×0.8%=8（元）。

赎回费的计算方式为：

赎回费=赎回当日该基金单位资产净值×赎回份额×赎回费率

赎回金额=赎回当日该基金单位资产净值×赎回份额–赎回费

再举个例子。你持有某基金1000份，该基金当日价格为1.5元/份，赎回费率为0.05%。那么，赎回费用为：1.5×1000×0.05%=0.75（元）。

基金转换是指投资者在持有本公司发行的任一开放式基金后，可将其持有的基金份额直接转换成本公司管理的其他开放式基金的基金份额，而不需要先赎回已持有的基金单位，再申购目标基金的一种业务模式。

这个很好理解，比如你持有华夏基金的基金A，现在你想买华夏基金的另一只基金B。通常做法是赎回基金A，再申购基金B，但其实你可以直接进行基金转换，把基金A直接转换成基金B。

转换费的计算方式有两种，如果是赎回基金A后再申购基金B，计算方式为：

转换费=基金A的赎回费用+基金B的申购费用

如果直接从基金A转换为基金B，计算方式为：

转换费=基金A的赎回费用+A、B两只基金的申购费率补差

假设持有基金A100份，每份刚好1元。基金A的申购费率为1.5%，赎回费率为0.5%。基金B的申购费率为1.5%，赎回费率为0.1%。那么，从基金A转换到基金B，需要支付的转换费为：100×1×0.5%=0.5（元）（两只基金的申购费率相同，所以不需要补差）。这样一来，比直接赎回基金A然后再申购基金B，要划算一些。

小知识

极速赎回和超级转换

相比购买，卖出则简单得多。

不论申购、认购，卖出统统被称为赎回。

需要注意的是确认时间，申购的确认时间一般是“T+1”日，赎回的确认时间一般都是“T+2”日或“T+3”日。

这里重点说两个功能——极速赎回和超级转换。

极速赎回是天天基金的说法，其他基金公司或平台所说的快赎（快速赎回），都是一个意思（见图2-12）。

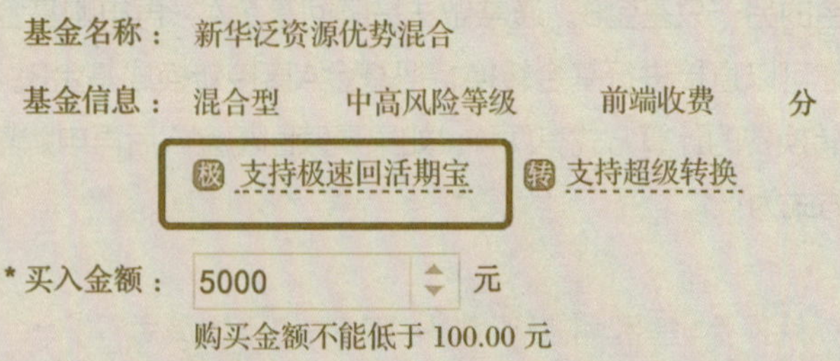

图2-12　某基金平台的极速赎回功能

那极速赎回是什么意思呢？又有什么作用呢？

前面我们提到，赎回一般需要“T+2”日或“T+3”日，但是，如果在赎回时，将基金转换成货币基金，因为基金转换到货币基金通常“T+1”日即可完成，这样一来，叠加上货币基金“T+0”的功能，即可以做到“T+1”日赎回了。

超级转换则是指在不同基金公司的基金之间进行转换，将持有的基金份额直接转换成其他公司管理的开放式基金的基金份额，而不需要先赎回已持有的基金单位，再申购目标基金的一种业务模式。

这两个功能都可以降低我们资金使用的时间成本，让本来需要“T+2”日或更长时间的赎回或跨基金公司转换只需要“T+1”日的时间就可以完成了，这对于我们提高基金的收益有很大的帮助。

兴哥小灶

这一章主要讲基金投资的准备工作和基本操作，核心内容是表2-6、表2-7这两个表。做投资离不开谈风险和收益，这两个表给大家定了一个大的原则和方向。对照这两个表，就可以根据自己的风险偏好来做基本资产配置了。

表2-6　风险偏好的五大类型

风险偏好的五大类型		
类型	资产组合	
	成长性资产	定息资产
保守型	0～30%	30%～50%
轻度保守型	30%～50%	30%～50%

（续表）

风险偏好的五大类型		
类型	资产组合	
	成长性资产	定息资产
中立型	50%～70%	30%～50%
轻度进取型	70%～80%	30%～50%
进取型	80%～100%	30%～50%

表2-7　资产类型分类

资产类型分类	
金融产品类型	资产类型
银行存款	定息资产
3～5年期国债	
银行定息理财产品	
绩优股	成长性资产
蓝筹股	
小盘股	
指数型基金	
股票型基金	
期货	
纸黄金	

单一的投资品种会加大个人的投资风险，建议把钱多放几个地方。

图2-13就是一个简单、执行度高的资产组合。保险、债券、房产（房租收入）等定息资产在20%～45%；各类基金作为主要的投资工具占比30%～70%不等；股票以及其他高成长资产，由于风

险较大，对一般投资者来说，10%～35%是可选择区间。

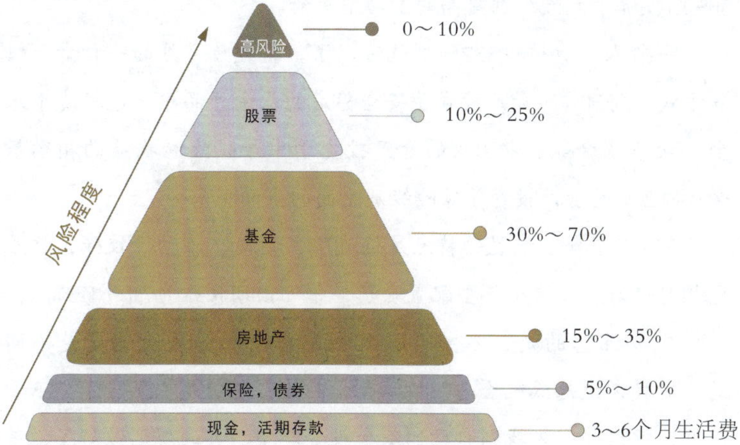

图2-13　兴哥建议资产分布比例

大部分人都是中立型的风险偏好，资产组合适合中庸风格，不追求太高的收益（成长性资产占比不超过50%），也不过于保守（定息资产不超过70%）。

下面结合基金投资，再给些具体的配置建议。

做资产配置，可以学学足球的阵型。足球场上教练员对场上球员的阵型排布，就好比我们持仓各种证券的配置比。足球场上常见的阵型有442、433、4231、352、541等，在个人投资中每个人就相当于一位教练员，盈亏平完全取决于教练员的执教能力，相对于不同的市场环境，给出最优配置比去跑赢市场是一位合格的教练员应该做的事，因为市场就是我们的对手。

我的投资阵型是433（我的最爱——巴萨的阵型），这个阵型有较强的攻击性，但也能保持一定的平衡。阵型布置如下：

将40%的资产投资于安全稳定的基金产品，如短债基金、货币基金等；将30%的资产投资于中等风险和收益的指数基金；剩下的30%则投资于风险级别更高的主动型基金。

一般人，我建议532阵型就可以了。这是最常见的一种资产配置方式。将50%的资产投资于安全稳定的基金产品中，包括货币基金、短债基金等；将30%的资产投资于中等风险和收益的指数基金；将20%的资产投资于风险级别更高的主动型基金。

532阵型资产配置的特点是低风险、稳健、流动性较强，收益也相对较好。按这个阵型配置资产，年化预期收益为7%～12%。

需要注意的是，本章开始就提到每个人的风险偏好是不同的。对我来说是低风险的短债基金，对你可能就是中风险了。不管怎样，建议大家先找到自己的基金投资阵型。大的规划做好了，差也差不到哪儿去。

几个要点：

有投资阵型肯定比没有好，凡事预则立，不预则废。

足球也好，投资也好，阵型的防守是至关重要的，本金安全第一。

年轻的时候，进攻性可以稍强一些，爱拼才会赢。

基金投资阵型非常重要，大家一定要重视，不要太过于纠结在单一基金的选择上。

大的规划做好了，就不会差到哪里去。

第3章　选择好的基金来投资

兴哥总结过基金赚钱的要点，非常简单，只有9个字：选好基，低位进，长期拿。这一章我们开始讲怎么选好基，兴哥自己使用的是“天天三招选基法”，这个方法简单、易懂、好执行，是我们下半部分的核心重点。这里我们先定义一下什么是好基金。

兴哥选择的基金要求有一定的成长性而且回撤可控，这个在“天天三招选基法”中有很好的量化指标来对应。

简单来说，好基金就是能获得比较高的收益同时风险也不大的基金，我们从收益和风险两个角度分别来说。

3.1 收益高的基金

这里所说的收益包含绝对收益和相对收益。

（1）绝对收益率高的基金

绝对收益率是指基金净值的实际增长，简单来说，就是你买了这只基金之后是赚还是亏的实际收益率。

比如图3-1中的这只基金，近1周的绝对收益率是3.78%，近1个月的绝对收益率是-0.41%，近3个月的绝对收益率是8.78%。短期看好像没什么，但1年以上的绝对收益率就非常可观了。近1年的绝对收益率是117.44%，翻了1倍还多。

大成新锐产业混合
阶段涨幅

阶段涨幅　季度涨幅　年度涨幅　基金评级

周期	涨跌幅	同类平均	同类排行 更新中
近1周	3.78%	2.02%	998|4284 优秀
近1月	-0.41%	2.88%	3948|4298 不佳
近3月	8.78%	-5.17%	35|4150 优秀
近6月	35.53%	7.96%	12|3785 优秀
近1年	117.44%	135.95%	3|3234 优秀
近2年	158.17%	156.74%	30|2730 优秀
近3年	168.18%	165.94%	60|2415 优秀

图3-1　某基金的实际收益率

我们投资基金一定要注重绝对收益。

投资不是为了和谁比较、去超越谁，而是为了账户增值，从一个长期视角来看是让自己的钱越来越多，而不是越来越少。

上一章我们说过投资预期的目标，其中我们分了五个关卡给大家参考。对于绝对收益率目标，从中提取两个关卡，简单说两点。

第一，要保证绝对盈利不亏钱，存银行或买基本零风险的货币基金就能做到。

第二，要保证跑赢通货膨胀速度，近10年实际通胀大概在6%。这个目标会麻烦一些，我们看投资基金能不能做到。

近15年来，上证基金指数差不多翻了12倍，年化收益率达到18%（见图3-2）。近10年，A股行情以震荡为主，上证基金指数翻了1倍，年化收益率也在7%以上。

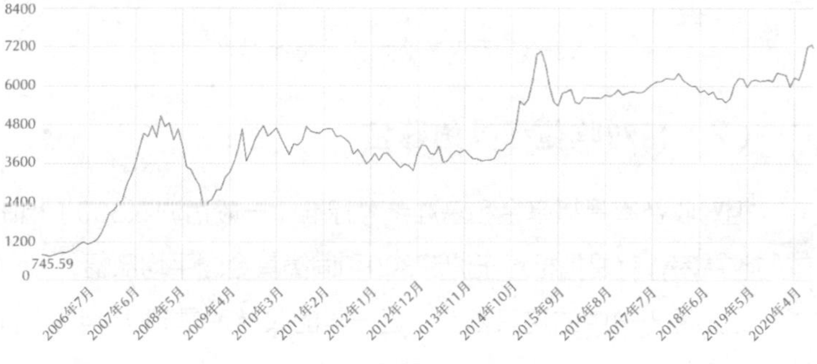

数据来源：新浪财经。

图3-2　上证基金指数[①]2005—2020年走势

也就是说，长期投资证券基金（股票型基金），我们的绝对收益率是能够战胜通货膨胀的。

另外，很多新手投资基金只关心短期收益率，只以一时的成

① 上证基金指数：上交所为反映基金市场整体变化情况以现行证券基金编制的综合基金指数。

败来论英雄。

而基金投资赚钱的秘诀，在于要长期拿。相较短跑冠军，基金投资更需要长跑健将。所以，我们既要关注短期收益率，更要关注长期收益率。

怎么找长期绝对收益高的基金？

可以在天天基金网上直接搜索基金排名，根据不同时间周期绝对收益的基金排名来选择好基金（见图3-3）。

图3-3 天天基金网上的基金排名

（2）相对收益率高的基金

相对收益率是指基金和基准参考标准（一般指沪深300）相比较的收益率，就是指相对于沪深300和同类基金的平均涨幅。

比如图3-4中的这只基金，近一年的收益率是117.44%，而沪深300在同期的收益率是32.55%。基金收益率超过沪深300收益率的3倍多，也就是大幅跑赢了沪深300，是相对收益率很高的基金。

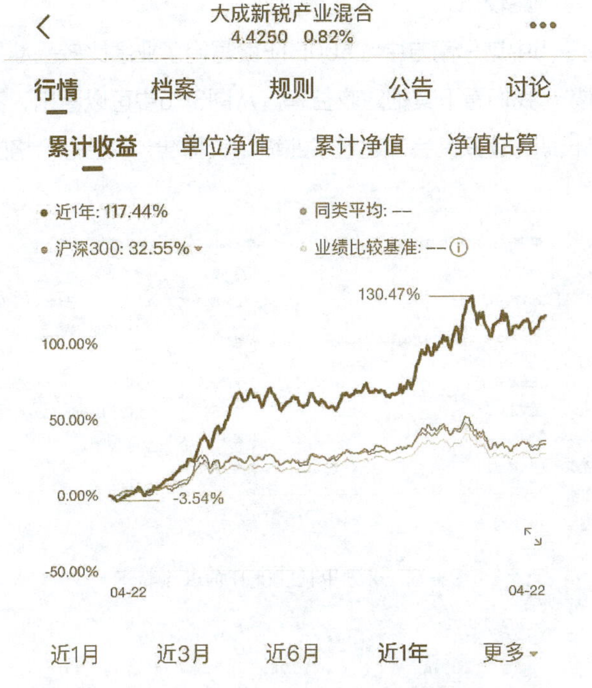

图3-4 某基金近一年的收益情况

从图3-4中可以看出，在不同时段，该基金是否超过沪深300，是否超过同类基金平均水平，是否超过同期业绩比较基准，以及各超过了多少。

超过同期业绩比较基准方为及格；超过沪深300，就是战胜了市场；与同类基金平均水平比较，则可以看出该基金在同类基金中处于什么水平。

基金只有跟同类基金比较才有意义。

关于基金的业绩比较基准，对指数基金来说，一般都会和跟踪指数进行比较。

图3-5中这只南方中证500ETF就写明了业绩比较基准是中证500指数，我们看下其相对收益率。从图3-6中可以看出，不管短期还是长期，这只基金都超过了业绩比较基准，收益是合格的。

基金全称	中证500交易型开放式指数证券投资基金	基金简称	南方中证500ETF
基金代码	510500（主代码）	基金类型	指数型-股票
发行日期	2013年01月10日	成立日期/规模	2013年02月06日 / 11.476亿份
资产规模	391.77亿元（截止至：2021年06月30日）	份额规模	51.4787亿份（截止至：2021年06月30日）
基金管理人	南方基金	基金托管人	农业银行
基金经理人	罗文杰	成立来分红	每份累计0.00元（0次）
管理费率	0.50%（每年）	托管费率	0.10%（每年）
销售服务费率	---（每年）	最高认购费率	1.00%
最高申购费率	---	最高赎回费率	---
业绩比较基准	中证500指数	跟踪标的	中证500指数

图3-5　南方中证500ETF的基金情况

	近1周	近1月	近3月	近6月	今年来	近1年	近2年	近3年
阶段涨幅	0.95%	3.45%	9.34%	6.65%	11.16%	7.90%	50.63%	41.58%
同类平均	1.48%	2.67%	7.38%	1.85%	8.18%	15.04%	56.35%	61.81%
沪深300	-0.11%	-1.13%	-0.90%	-8.63%	-2.34%	8.00%	34.28%	44.34%
跟踪标的	0.88%	2.88%	8.09%	5.24%	9.72%	5.52%	44.81%	33.98%

图3-6　南方中证500ETF的相对收益率

小知识

ETF是什么

从概念上来讲，ETF的英文全称是Exchange Traded Fund，是一种交易型开放式指数基金。

一般称ETF为“场内基金”。所谓场内，指的是证券交易所内，也就是在证券交易网站或App上均可以自由买卖该基金。

举例来说，假如你觉得股市会再次上涨，准备了1万元，想在股票市场提前埋伏点科技股，可这么多科技公司的股票，研究起来门槛又高，不知道选哪一只好，那么最好的方式就是把科技的龙头公司都买了，这样至少不会错过平均涨幅。

但是，问题来了：1万元我想买恒瑞医药、中兴通讯，还想买立讯精密等龙头企业，怎么可能都买下呢？

这时，ETF基金就可以出场了。

科技ETF就是一篮子的科技股组成的指数基金，买了它就相当于买下了A股的优秀科技公司的股票集合。

科技ETF，2021年6月9日是1.5元左右（见图3-7）。也就是说，花150元就能买下整个A股的科技龙头。

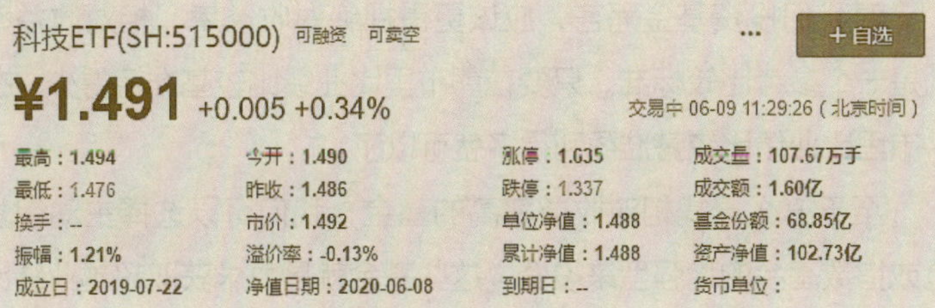

图3-7　科技ETF的相关指数

有股票购买经验的朋友，即便刚入市，也可以很轻松地理解ETF基金的概念。

那么，对主动型基金来说，业绩比较基准都是怎么定的？主动型基金的业绩比较基准一般是沪深300指数×80%+中证综合债券指数×20%。

还是以大成新锐产业混合为例。该基金2020年年报显示，不管短期还是长期，基金净值增长率都大幅超过业绩比较基准（见

表3-1）。

表3-1　大成新锐产业混合2020年基金收益情况

阶段	份额净值增长率①	份额净值增长率标准差②	业绩比较基准收益率③	业绩比较基准收益率标准差④	①-③	②-④
过去三个月	11.60%	1.42%	11.06%	0.79%	0.54%	0.63%
过去六个月	43.57%	1.61%	20.04%	1.08%	23.53%	0.53%
过去一年	79.41%	1.66%	22.46%	1.14%	56.95%	0.52%
过去三年	114.25%	1.43%	28.02%	1.07%	86.23%	0.36%
过去五年	131.21%	1.37%	37.48%	1.00%	93.73%	0.37%
自基金合同生效起至今	397.52%	1.57%	93.13%	1.18%	304.39%	0.39%

对我们投资基金而言，应该更重视绝对收益率，相对收益率则是一个参考比较标准。只要在熊市里比业绩比较基准亏得少、在牛市里比业绩比较基准盈利得多就可以了。

至于怎么寻找相对收益率高的基金，我们可以选择主动型基金或指数基金的增强型来投资。这些基金就是力求获取超越业绩比较基准的收益。但是如果所选的基金跑不赢业绩比较基准的话，那么就应该重新检视是否选错基金了。

3.2 风险低的基金

这里分两块来说，一是指数基金的风险，二是主动型基金的风险，都是股票型基金。货币基金和债券型基金本身风险就低，这里不再涉及。

（1）低风险的指数基金

现在网络上推崇指数基金的人很多，有的提出“指数基金，长期投资，肯定不亏”的观点，但是如果没有选择好，有不少指数基金哪怕是长期投也会亏损，比如下面这些指数基金。

①交银中证环境治理。这只指数基金的业绩差得惊人，当然这跟基金经理没什么关系。这是一只LOF场内、场外都可以交易的基金，主要跟踪中证环境治理指数，成立以来绝对收益率是-52.1%（见图3-8）。也就是说，从其成立起就买这只基金，坚持拿了5年多，现在要亏一半以上。

	2020年度	2019年度	2018年度	2017年度	2016年度	2015年度	2014年度	2013年度
阶段涨幅	-3.73%	**3.03%**	-45.48%	-7.16%	-14.21%	--	--	--
同类平均	**31.69%**	**34.24%**	-25.08%	**11.28%**	-11.39%	--	--	--
沪深300	**27.21%**	**33.59%**	-25.31%	**21.78%**	-11.28%	--	--	--
同类排名	931 | 971	719 | 743	566 | 583	430 | 499	265 | 442	-|-	-|-	-|-
四分位排名	不佳	不佳	不佳	不佳	一般	--	--	--

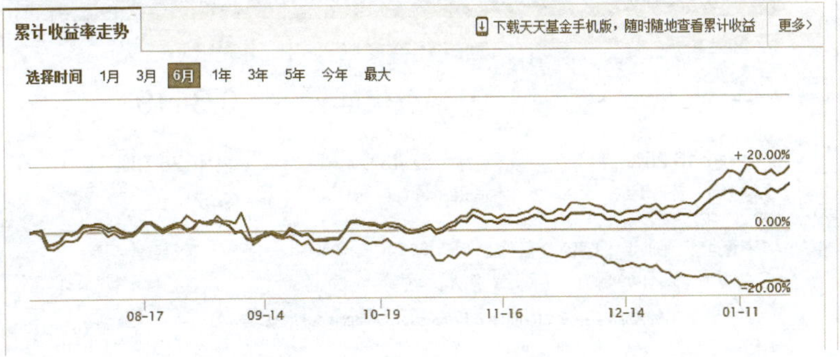

图3-8　交银中证环境治理的收益情况

看一下这只基金历年的业绩，再看一下它和沪深300的相对收益率，没有一年战胜过沪深300。其实看指数简介，感觉不出有这么差，环保理念和当代发展也是相符合的（见图3-9）。

指数简介

中证环境治理指数以中证全指为样本空间，选取涉及污水处理、固废处理、大气治理和节能再生等环保业务的上市公司股票作为成分股，以反映环保治理相关上市公司的整体表现，为市场提供多样化的投资标的。

资料来源：中证指数有限公司。

图3-9　中证环境治理指数简介

②华宝标普油气。这只基金更惨，成立以来已经亏了六成以上，挂着原油的名头，跟踪的却是美国油气开采行业指数，不知道坑了多少基民（见图3-10）。

图3-10　华宝标普油气成立以来亏了六成以上

中融国证钢铁行业指数成立以来也是超过50%的亏损，这些夕阳行业指数基金，大家就千万不要死守着长期投的理念了，及时回避比较好。

那么，什么样的指数基金风险比较低?

①宽基指数基金。宽基指数基金非常适合长期投，特别是对新手小白来说，虽然也会有些短期波动，但指数的整体走势是基本向上的。比如第1章就说过的沪深300（在后面的指数基金章节会详细介绍）。

主要的宽基指数基金有上证50、沪深300、中证500和创业板指，以及港股的恒生指数（HSI）、恒生中国企业指数，美股的道琼斯指数、纳斯达克指数和标普500等。

上证50：从沪市选出的50只龙头股。

沪深300：从沪、深两市选出的前300只股票，覆盖了国内各行业中已上市的好公司，是最能代表A股的指数（见图3-11）。

中证500：剔除沪深300，总市值排名靠前的500只股票，是中小市值公司的代表。

创业板指：由创业板的100只龙头股组成，主要覆盖新能源、生物工程、电子信息、高端制造等行业，科技含量较高。

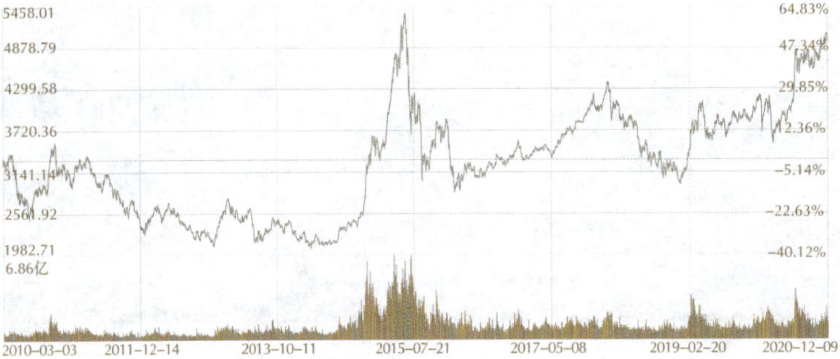

图3-11　宽基指数沪深300的基本走势

②景气行业指数基金。什么是景气行业？一是刚需行业，比如消费行业和医药行业；二是目前国家大力发展和倡导的行业，比如新能源行业和科技行业。

兴哥基金投资的“三驾马车”——消费、医药和科技都是景气行业，主要指数简单列举如下（见图3-12、图3-13、图3-14）。

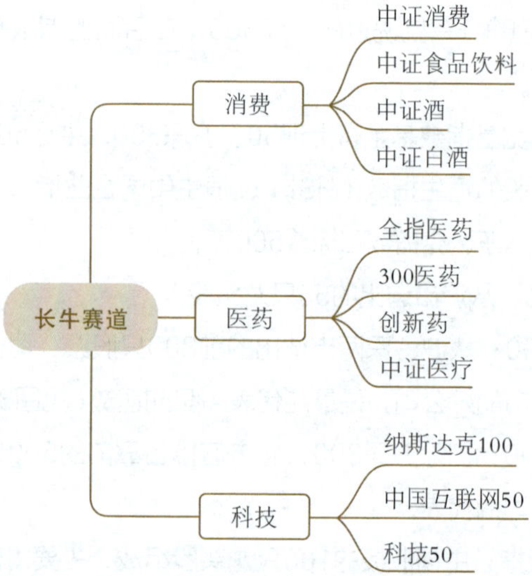

图3-12 兴哥基金投资“三驾马车”的主要指数

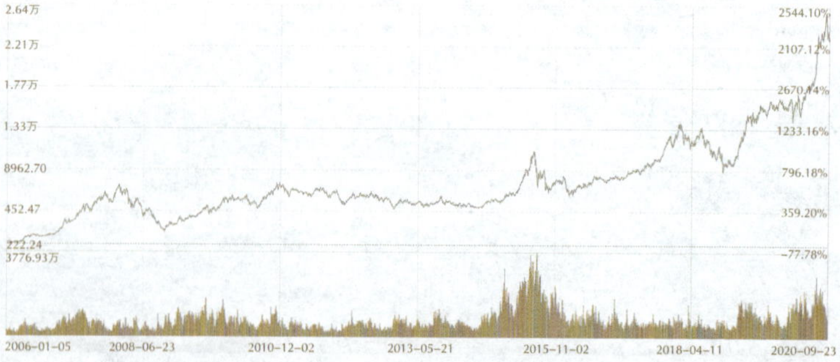

数据来源：萝卜投研。

图3-13 消费行业指数的走势

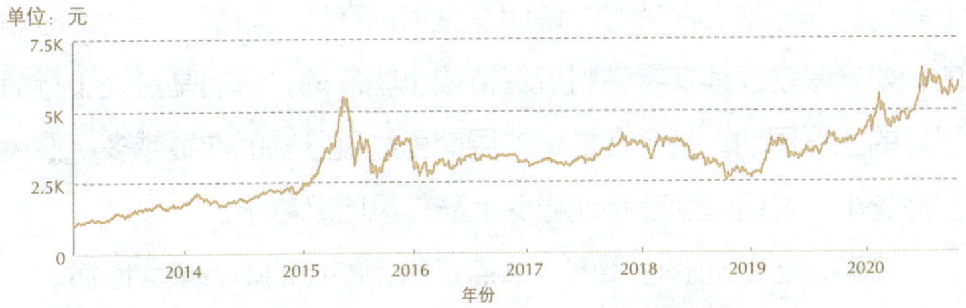

数据来源：萝卜投研。

图3-14　科技行业指数的走势

指数基金的低风险选择其实不难，主动型基金的风险控制就复杂得多了。

（2）低风险的主动型基金

主动型基金的风险与回撤大小是息息相关的，在同样的市场环境和行情趋势下：回撤小的，风险相对就低；回撤大的，风险相对就高。而对于指数基金来说，基本没有控制回撤的说法，因为指数基金要跟随和复制指数走势，是一种被动基金，所以以上案例中选择低风险的指数基金，主要是对跟踪指数的判断。

这里只就主动型基金的回撤控制来谈谈怎么选低风险的主动型基金。高收益是需要在风险可以控制的基础上再去寻找的。

我们用主动型基金的动态回撤图来衡量主动型基金的风险，进而帮我们筛选基金。基金的动态回撤图刻画的是基金当前距离前一个高点所跌落的幅度，能够直观地反映基金的风险特征。基金的动态回撤图具有累加效应，图中的最低点反映的是基金在过去某个时段里的最大回撤数值。

当基金的动态回撤线回归零轴时，说明基金净值回到了前一个高点。在零轴上保持时，说明基金目前在连创新高。一定的时期内，如果基金连续在零轴附近保持或小幅震荡，说明基金处于行情很好的上涨周期。基金在指定的周期里触碰零轴的次数越多，最大回撤越小，说明基金越是能稳健上涨，风险就越小。

观察基金的动态回撤图，重点是基金的波动率、最大回撤。

以图3-15中的兴全合润混合（LOF）为例。波动率就是价格在一定时期内波动的范围大小。2019年以来，兴全合润混合（LOF）多数时段的波动在-10%以内。特别对于新手来说，波动率大的话是很容易亏的。优秀的偏股型基金，15%～20%的回撤都是合理的。

最大回撤就是在一定时期内，基金净值达到最低时收益回撤的最大幅度。兴全合润混合（LOF）的最大回撤达到了-30%。时间点在2015年和2018年，都是行情非常差的时期。

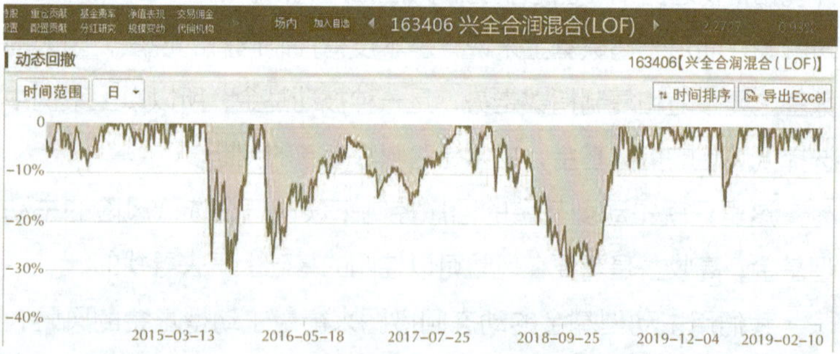

数据来源：Wind。

图3-15　兴全合润混合（LOF）的动态回撤

不光是收益，对于主动型基金的最大回撤，我们也可以和沪深300进行比较，作为主动型基金风险大小的参考。很明显，同期沪深300的回撤比兴全合润混合（LOF）更大一些（见图3-16）。

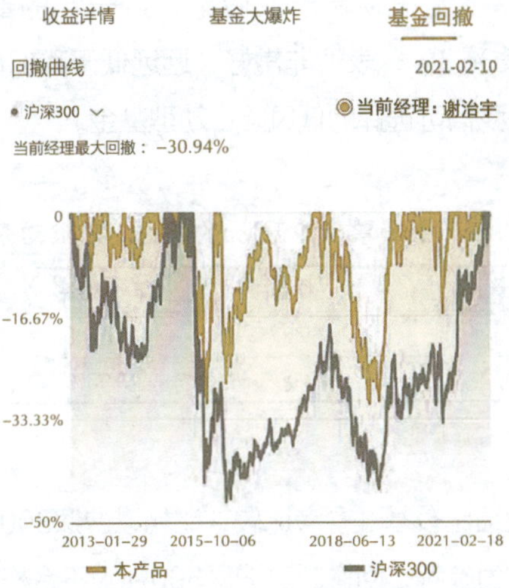

数据来源：韭圈儿App。

图3-16　兴全合润混合（LOF）与沪深300的最大回撤比较

那么，如何选择低风险的主动型基金呢？

这里给两个参考标准。

一是给主动型基金在一定时期内的最大回撤设一个限定阈值，高于阈值判断风险较大，低于阈值则符合低风险的标准。

举例来说。在一年内最大回撤高于20%的主动型基金都被视为高风险的主动型基金。易方达中小盘混合这只基金，近一年的最大回撤是23.99%（见表3-2），超过了我们设定的20%的阈值，这就不是我们可选择的低风险主动型基金。

表3-2　易方达中小盘混合与沪深300的收益、年波动率和最大回撤

基金名称	收益	年波动率	最大回撤
易方达中小盘混合	+23.22%	23.24%	-23.99%
沪深300	+8.00%	18.98%	-15.18%

数据来源：乌龟量化。

另一只基金工银物流产业股票，近一年的最大回撤只有4.97%（见表3-3），表现非常好，远远低于我们设定的20%的阈值，这就是我们可选择的低风险主动型基金。

表3-3 工银物流产业股票与沪深300的收益、年波动率和最大回撤

基金名称	收益	年波动率	最大回撤
工银物流产业股票	+69.37%	18.68%	-4.97%
沪深300	+8.00%	18.98%	-15.18%

数据来源：乌龟量化。

二是和业绩比较基准参考比较，比如以沪深300在一定时期内的最大回撤作为参考，回撤超过沪深300视为不合格，回撤低于沪深300则符合低风险的标准。按这个标准，易方达中小盘混合近一年的最大回撤超过了沪深300，而工银物流产业股票的最大回撤则远低于沪深300，回撤数据还不到沪深300的1/3。就风险控制来说，该选择哪只基金来进行投资是很明显的。

兴哥小灶

这一章讲了两个选好基的标准——收益要高，风险要低，这里就怎样评估一只基金提供一套系统的方法（见图3-17）。

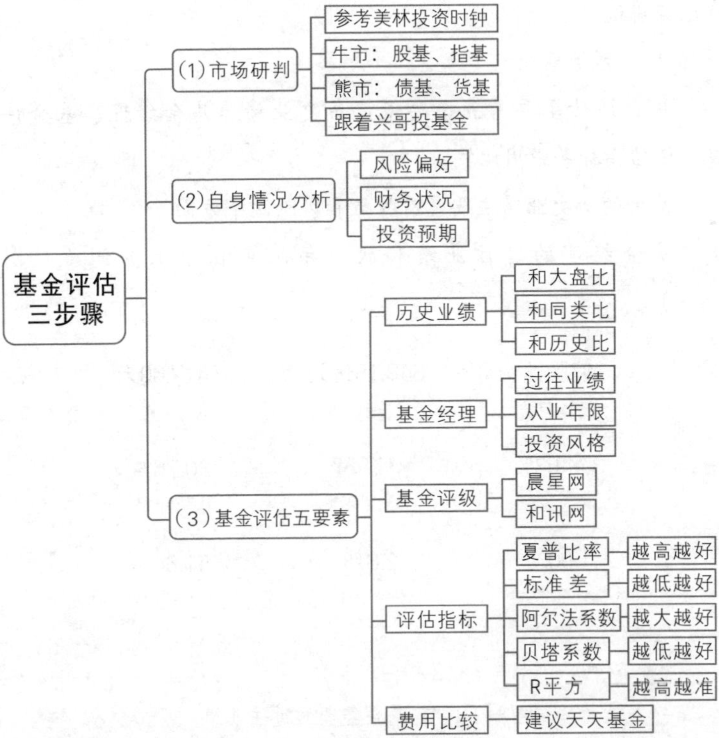

图3-17　基金评估三步骤

(1) 市场研判

就是要先判断现在的大行情是牛市还是熊市，可以借助美林投资时钟来进行研判。是牛市，我们就选择股票型基金、指数基金来进行投资；是熊市，我们就选择债券型基金和货币基金来做防御。

以2020年年初为例，当时市场处在结构性牛市行情，我们投资基金应该以股票型基金、指数基金为主。

(2) 自身情况分析

主要分析自己的风险偏好、财务状况和投资预期，这部分第2

章已经讲过。

（3）基金评估五要素

基金评估主要看五个要素：历史业绩、基金经理、基金评级、评估指标和费用比较。

基金的历史业绩主要是看收益和风险两个方面。

基金经理的过往业绩和从业年限可在网上查询（见图3-18）。

偏股类 擅长领域	348.15亿元 管理规模	7年又60天 从业时间
374.63% 最大盈利	-32.98% 最大回撤	30.76% 年化回报
1.90% 近一月收益	2.67% 近一季度收益	51.64% 近一年收益

数据来源：天天基金网。

图3-18　某基金经理的过往业绩

基金经理的选择是很个人化的事，我主要看几点：从业时间越长越好，年化回报率越高越好，年化最大回撤不超过10%，投资风格比较确定。不少明星基金经理都有自己的投资风格，比如易方达的张坤，他的投资风格是价值投资、高ROE、白酒、长期持有、长线绩优；信达澳银的冯明远的投资风格则是成长股投资、择股、科技、5G。基金经理的投资风格很重要，一会儿价值投资，一会儿成长股投资，来来回回变来变去的话，这样的基金不建议去投。

基金评级去晨星网或和讯网查询，支付宝也可以查看晨星网的评级。

夏普比率是兴哥“天天三招选基法”的核心指标，在下半部分会有详细分解。

最后关于费用比较，推荐使用天天基金。现在，费用方面各个平台相差不大，使用天天基金是我的个人习惯。

基本步骤已经很清楚了，但在实际评估和选择基金投资的过程中，行情和指标都是动态变化的，所以在选定好基金并持有一段时间后，一定要重新评估，做动态管理。

第4章 什么时候入场最合适

基金赚钱的要点：选好基，低位进，长期拿。上一章我们讲了“选好基”，这一章主要解决什么时候投的问题，也就是第二点，怎么找低位进。

在第1章的“兴哥小灶”里，我们说过基金亏钱的两大原因，其中有一个原因就是牛市跟风买到山顶。山顶即比较高的位置，在高位买，风险当然很大。

想要避免买基金亏损，就要买在低点，卖在高点。

那么如何才能买在低点，卖在高点？判断高位和低位就非常关键，即我们应该在什么时候进才算是低位入场买基金。

用实际行情举个例子来说，2020年第一季度受疫情影响，股市大跌，大盘即上证指数跌到了2700点以下，市场的整体估值处于非常低的水平，这时就是市场的低位，在这个位置买基金风险就不大了。随后行情一路上涨，到7月时，基本都赚钱了（见图4-1）。

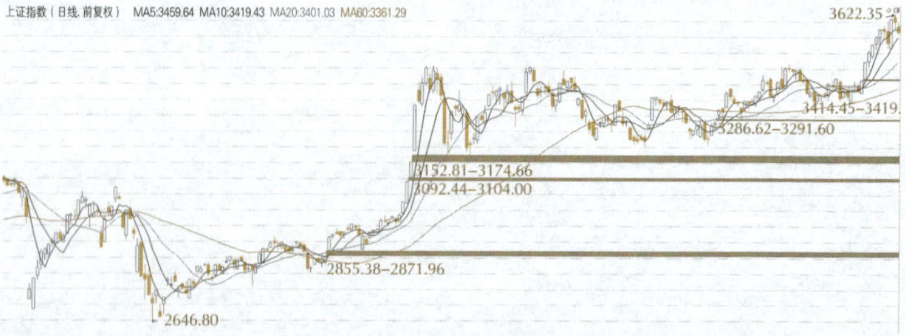

图4-1　2020年上证指数行情走势

上证指数在2020年3月达到2646点的低位，之后一路上涨，当年7月就涨到了3400点以上，短短4个月，指数上涨了700多点（见图4-2）。2020年3月，当时的市盈率估值百分位只有30%，是比较好的低位了。

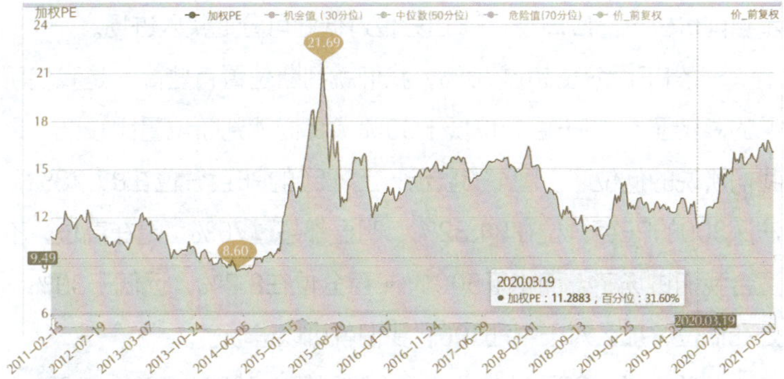

数据来源：乌龟量化。

图4-2　上证指数加权PE走势

4.1 基金投资怎么低位进

上面用2020年上证指数的实际行情说明，我们做基金投资应该低位进才能获得比较好的收益。那么，怎么判断低位呢？一般我们是看估值来判断行情位置的高低。

目前几个有代表性的宽基指数都处在比较高的PE百分位。

PE就是市盈率，是最常用来评估价格水平是否合理的指标之一。简单来说，PE高，就是价格高，即行情在高位；PE低，就是价格低，即行情在低位。

PE百分位是表示PE在历史上相对位置的一个指标。具体计算是将历史上每天的PE从小到大排列，然后看当前PE在历史上的排名，那么，PE百分位=排名÷历史数据总数×100%。可以简单理解为当前价格相对历史上是高是低，显然当PE百分位过高时就提示当前价位过高应离场，PE百分位过低则可分批买入进场。

一般PE百分位超过70%，我们就判断位置有些高，是我们所说的高位了；而PE百分位低于30%，我们就判断位置比较低，是我们所说的低位了。图4-3显示，上证50的PE百分位在87.28%，沪深300的PE百分位在84.32%，明显都超过70%，是在高位，不适合我们进场了；而中证500的PE百分位在8.2%，远低于30%，处在低位，那么对于中证500，我们就可以进场了。

一般来说，PE百分位会有三个临界值：30%、50%、70%。

PE≤30%，低估。

PE=50%，合理。

PE≥70%，高估。

如果用一个非常简单的标准来判断低位，就是PE百分位要低于30%。

有一点需要说明，行情的绝对高位和绝对低位谁也无法预测，都是事后走出来的。所以市场没有绝对低估或绝对高估，只有高低估的程度。虽然PE百分位低于30%就是在低位，但并不意味着之后的行情马上就会上涨。因此，哪怕我们是在低位投资基金，也不能孤注一掷把所有资金一下子全投进去。

这个标准对于大盘指数、宽基指数会有比较好的适用性（见图4-3），但对于行业指数就不一定那么好用了，上一章我们讲过投资夕阳行业指数基金和投资景气行业指数基金的差别，关于具体的行业指数，后面有章节专门阐述。我们先回到第1章对基金的分类，来谈谈各种基金具体如何判断低位。

指数名称	指数类型	PE	PE百分位	PB	PB百分位	股息率	ROE	预测PEG
上证50 SH000016	宽基指数	11.87	87.28%	1.45	71.40%	2.52%	12.25%	0.77
上证180 SH000010	宽基指数	11.91	72.72%	1.39	58.84%	2.31%	11.65%	0.75
中证100 SH000903	宽基指数	12.37	79.36%	1.53	69.52%	2.37%	12.36%	0.83
恒生指数 HKHSI	宽基指数	12.71	87.24%	1.21	40.92%	2.04%	9.51%	1.75
沪深300 SH000300	宽基指数	14.30	84.32%	1.71	78.00%	1.94%	11.96%	0.79
香港中小 SPHCMSHP	宽基指数	17.58	85.91%	1.86	94.06%	2.35%	10.56%	--
国证A指 SZ399317	宽基指数	18.88	64.96%	1.98	63.96%	1.54%	10.47%	0.77
中证500 SH000905	宽基指数	22.41	8.20%	2.04	23.04%	1.49%	9.12%	0.52
中证1000 SH000852	宽基指数	37.42	24.82%	3.00	54.00%	0.86%	8.01%	0.70

数据来源：蛋卷App。

图4-3　蛋卷基金上的宽基指数估值

4.2 主动型基金的低位进

主动型权益类基金，由基金经理专业打理，实际上可以把这个难题交给专业的基金经理去处理，他们会判断什么时候是低位、什么时候是高位。我们平时说的基金投资也是以这一类基金为主。

对我们普通投资者自己投资基金来说，主动型基金的低位进有三招。

第一招：做定投。

因为定投可以平摊风险，拉低成本，定投时间越长，积累份额越多，成本越低，从而赚得就越多。

这里说个概念，全市场等权中位数PE，它是衡量股市高低估的重量级指标。

当全市场等权中位数PE值百分位小于30%时，就意味着股价比历史上70%的时间都便宜，这时可以开始买入，越低越买（见图4-4）。

我们可以做一个定投计划：

如果股价比过去70%的时候都便宜，每个月开始定投主动型基金。

如果股价比过去80%的时候都便宜，每个月2倍定投主动型基金。

如果股价比过去90%的时候都便宜，每个月3倍定投主动型基金。

这样有计划地投，始终掌握主动权，不仅更有章法，还能买到更多的便宜筹码，有效摊低成本，将定投的优势最大化发挥出来。

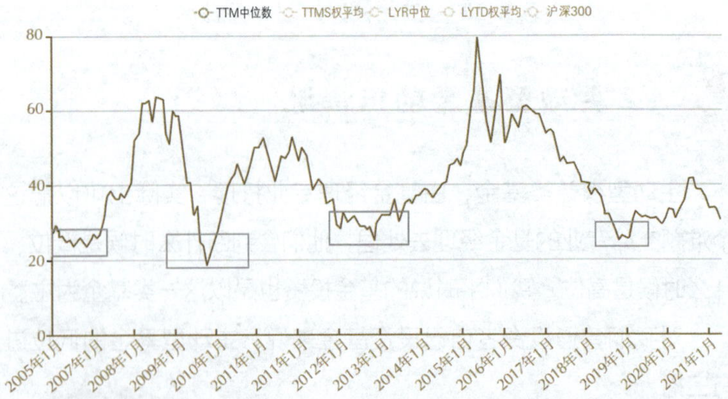

数据来源：乐咕乐股网。

图4-4　2005—2021年全市场等权中位数PE走势

第二招：兴哥的大盘定位法。

何谓大盘定位法？就是根据大盘所在的位置，确定高位或低位来制订交易计划。根据大盘来择时买入，大盘点位越低，买入越有利。这也是兴哥主要使用的一招，本章开头所说2020年上证指数的例子就是用了这个方法。

我们所说的大盘，是全市场指数，常用比较方便的参考就是上面说过的上证指数。

从收益率上来说，优质的股票＞优质的行业指数＞沪深300指数＞全体上市公司平均收益＞国家GDP增长率。

如果投资基金，比较基准是沪深300，如果没有跑赢沪深300，就比较差了。

大盘定位法的理论依据在于，大盘不好时任何个股都难以独善其身。可能在个别情况和个别时段下有逆势上涨的板块（如2020年9月底的军工板块），但长期逆势的板块是不可能的。

大盘定位法有什么好处？

首先，适用范围很广。无论对指数基金、主动型基金还是股票，都有参考作用。

其次，信息多。参考多，对自身想法的衡量标准就多，在看盘软件上讨论最多的也是大盘。

最后，标准统一。如果看上证指数，就只有一个标准。

特别需要注意的一点是，大盘定的“位置”其实是相对概念，要有对应的时间概念。以2020年9月30日为例，3200点附近当然是低位，3350点以上当然是高位（见图4-5）。

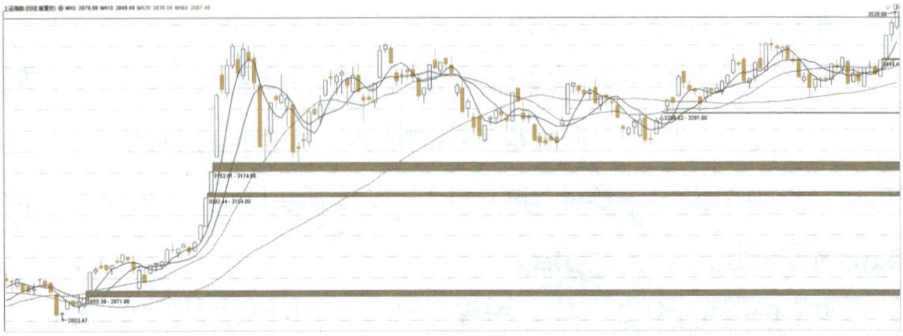

图4-5　上证指数2020年下半年到2021年初的行情走势

以2019年12月31日为例，预估2020年沪指在2900～3500点之间波动，那么在3000点附近当然可以积极买入（见图4-6）。

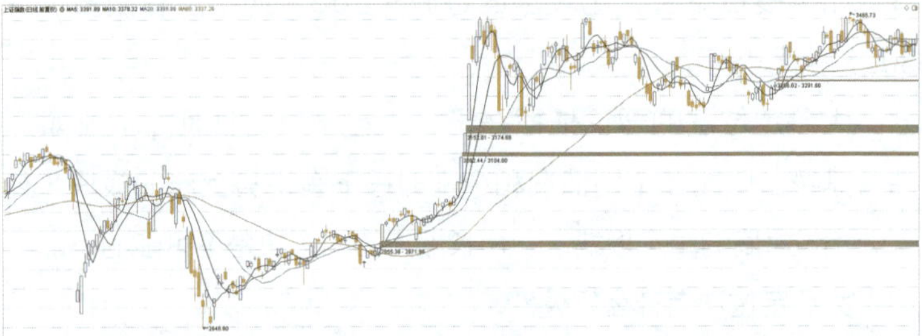

图4-6　上证指数2019年底到2021年初的行情走势

所以用大盘定位法来制订交易计划，一定要附加时间周期，也就是确定交易计划的操作周期。

简单来说，3000点买入的比3400点买入的位置要好很多，当然可以赚更多。

第三招：根据基金涨跌幅买入。

一只基金，当你听别人说它很赚钱时，往往已经是高位了。这时不要冲动买入，先看看这只基金涨了多少，还有没有上涨空间。

举个例子，2020年非常火的消费基金易方达蓝筹精选混合（见图4-7），2020年底的净值为3.52元，已经连续大幅上涨两年多了，实际的上升空间非常小了，不说当时一定是高位，但可以肯定不是低位了，在这个位置买入的风险是很大的。除非它能一直创新高，假如不能，买进去不但赚不到钱，还会面临回调风险，这种基金自然不能买入。反倒是科技基金经过前段时间的回调，此时正处于低位，比消费基金更有优势。

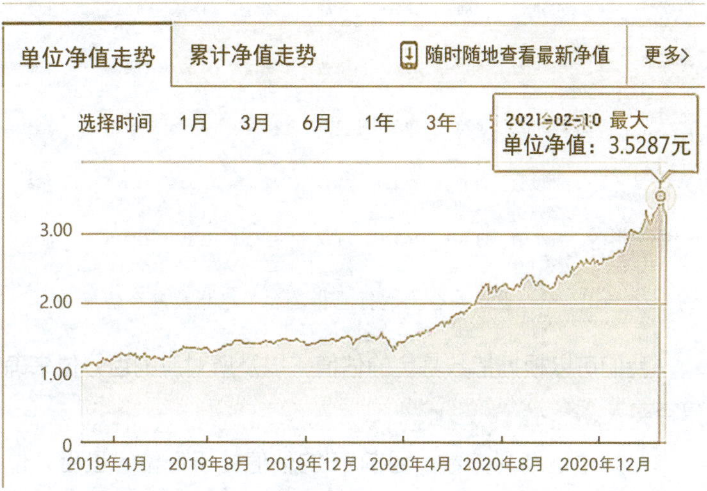

数据来源：天天基金网。

图4-7 易方达蓝筹精选混合2019—2020年净值走势

4.3 指数基金的低位进

指数基金又该如何低位进呢？目前比较推崇的方法还是看估

值（见图4-8），这个在第一小节已经说得比较详细了。

简单来说，就是低估买入高估卖出。

上证红利 SH000015	策略指数	6.55	12.60%	0.72	1.40%	5.22%	11.05%	2.00
中证银行 SZ399986	行业指数	6.62	65.31%	0.76	11.28%	4.25%	11.45%	1.85
中证红利 SH000922	策略指数	7.49	20.88%	0.87	2.88%	4.50%	11.58%	1.64
国证地产 SZ399393	行业指数	7.83	2.13%	1.14	0.09%	4.21%	14.58%	0.55
500低波 CSI930782	策略指数	17.83	13.70%	1.49	34.41%	1.86%	8.36%	1.32
300价值 SH000919	策略指数	8.62	45.40%	0.97	9.12%	3.80%	11.21%	1.38
300红利LV CSI930740	策略指数	8.73	60.36%	0.99	22.12%	3.66%	11.30%	1.86
基本面50 SH000925	策略指数	10.03	73.28%	1.11	22.36%	3.33%	11.09%	2.26
红利成长LV CSI931157	策略指数	10.39	43.24%	1.44	32.12%	3.03%	13.89%	0.92

图4-8 蛋卷基金上的行业指数和策略指数基金估值

我们可以根据指数基金的估值，以及所对应的百分位来确定是否买入。

比如中证红利指数，目前PE的估值处于低位，且百分位为20.88%，也处于一个相对低点的位置，那么，这时投资中证红利指数就是一个不错的选择。

再看一个基本面50指数，PE百分位为73.28%，处于一个相对高估的位置，如果我们投资了这个指数，就可以考虑止盈卖出了，而没有投资这个指数的话，现在是高位，就不要买入了。

这种低估品种的投资方法比较省心，只要估值还处于低估就不断地投资即可，和定投是非常契合的搭配。

4.4 货币基金和债券型基金的低位进

可能很多投资者认为，货币基金和债券型基金这样的投资品种本身风险不大，不需要特别去选择时机买进。假如你这么想，就大错特错了。

先看货币基金。

①周五不买，周四不卖。周五买入，要等到下周一才确认并计算收益，损失周五、周六、周日三天的收益；如果想在周末享有收益，需要在周四下午3点前买入；周四卖出，周五确认并停止计算收益（周五无收益）。

②节假日前一天不申购。节假日的买卖可参考周末的操作方式，前一天不申购，前两天不赎回。

③月末/季末/年末收益高。一般这几个时间点，市场上比较缺钱，利率会上涨，从而货币基金的收益也相对较高。

特别要注意的，不要在周末购买货币基金，如果周末购买，相当于周一申购，周二才会有收益，资金就站岗了。有时货币基金也有高收益，但通常释放收益维持天数很短暂。

由于近七日年化收益率是个平均数，在收益释放完后，你再买入，可能每万份收益并不高。释放收益期间最好看每万份收益，这个指标代表货币基金的真实收益率水平，一旦下降，就可以撤出了。

再看债券型基金。

我们清楚地记得，债券型基金在2020年5月左右连续跌了约

2个月。由此可见，债券型基金也有牛市和熊市，遇到熊市，债券型基金也会连续下跌。

那么，此时应该怎么办呢？

在以下3个时间点买入债券型基金比较好：

①国家经济不能过热，经济萧条期买入更好，因为债券型基金价格与利率成反比，而利率又与经济成正比。

②资金环境越宽松，越有利于债券型基金利好，适合买入。

③信用评级高的债券型基金收益会比较稳定，可以根据自己的投资需求买入。

具体，我们可以以10年期国债收益率为参考。当10年期国债收益率大于3.5%时，说明债牛行情要来了，这时便是债券型基金最好的买入时机。

当10年期国债收益率小于3%，尤其是跌到3%以下时，说明债市不好，会连续下跌。当我们发现债市不好且不稳定时，就应该避一避，把投资的债券型基金赎回来，投资到能赚钱的投资品种里去。

兴哥小灶

这一章主要讲买基金怎么低位进，核心内容是兴哥的大盘定位法。

本章小灶就这个实操性非常强的方法再进行深入讲解一下。

贪婪与恐惧是投资中最大的两个人性弱点。

兴哥的基金投资理念——高位不贪，低位不惧。

正确的做法是：高位不贪，敢于果断止盈；低位不惧，敢于买入持仓。

怎么判断高位和低位?

我们以2020年9月的行情为例，来谈谈大盘定位法的实际应用。

第一步，看趋势。

我们操作或分析任何标的，不管投资股票、基金还是大宗商品，方向永远是第一位的。方向大于择时，甚至比位置更重要。虽然说大盘定位法的核心是位置，但是方向比位置更重要。

为什么从2019年到2020年个人操作比较积极，因为兴哥的整体判断，包括从2019年下半年开始到2020年甚至到2021年，大盘的整体方向是震荡向上的（见图4-9）。从上证指数周线图来看，是震荡向上的趋势，而且指数从2020年7月开始突破前期高点。这一点从月线图上会看得更清楚。因此，首先我们要明确方向。如果是熊市、方向向下，我们就应该更加谨慎，对大盘的高位和低位的判断要更加严格。

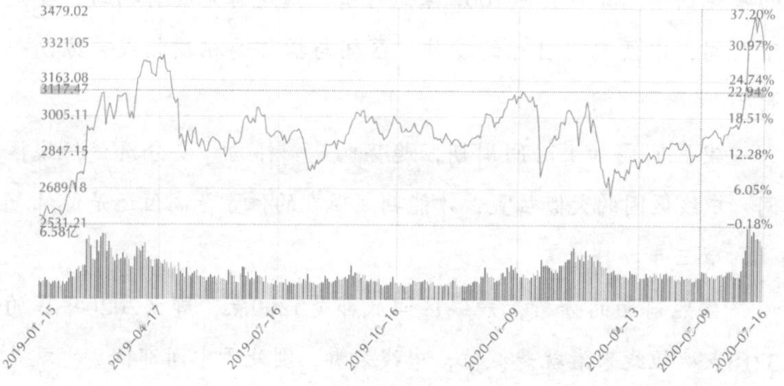

图4-9　上证指数2019年1月至2020年7月走势

第二步，定区间。

那么，怎么看大盘区间呢？兴哥认为，不需要做太细致的量化目标，可以根据实际的图形形态来判断短线、中线和长线区间。

2020年下半年上证指数的短线区间基本就是在3200～3450点之间震荡，当然也可以放大50个点，即3150～3500点。A股的老股民非常害怕缺口，雪球上的一些言论说上证指数在3150～3180点有30点缺口需要回补。经过现实行情的多次验证，A股不喜欢高开特别是大幅高开，反而不怕低开。因此，兴哥认为，3150点的缺口一直没有弥补是短线行情强势的表现。技术上没有缺口一定要补的说法。比如美股，无论道琼斯指数还是纳斯达克指数，很多跳空向上的缺口都没有补过，行情对缺口完全视而不见。

分析完短线区间，再来看中线区间。截至2020年底，A股中线底部区域是2800点，顶部是3600点，也都可以放大100个点，即2700～3700点。为什么在2019年底兴哥能够判断出2020年的区间是2900～3500点？是因为在大级别图上进行了技术分析，再加上自己的主观判断。谁也无法100%保证行情，但是首先要有判断，要定下区间，以便确定自己的操作。区间与操作是相辅相成、方向一致的。

定区间要加上时间周期，趋势也是一样的。要分清楚短线区间、中线区间的大概位置，才能判断现在的位置是高位还是低位。

第三步，找位置。

按照前面的分析，短线区间底部是3200点，那么2020年底的3218点从短线来看就是低位，中线来看，则处于中间部位。也就是说，如果按中线，现在是要观望的。中、短线产生矛盾是因为分析周期和交易周期不一致有关。找好位置之后，判断出所处的是高位还是低位，就可以高位不贪、低位不惧，布局来做计划。

第四步，做计划。

如果是高位，就做止盈卖出计划；如果是低位，则做建仓、加仓和持有计划。

小结一下，大盘定位法实际上只是我们投资基金选择低位的一种辅助手段，做基金投资交易计划时，大盘位置可以提供相应辅助的判断和佐证。以大盘定位法作为依据来判断行情低位，并不能成为我们投资基金低位进的唯一决策依据，我们还是要把关注点放在自己所投的基金上，根据不同类型的基金来使用相对应的低位进方法。

第5章 基金投资就要长期拿

基金赚钱的三个要点：选好基，低位进，长期拿。前两章我们讲了选好基、低位进，这一章我们讲最后一个要点——长期拿。

选好基、低位进，大家参照前面两章所说的方法和技巧是完全可以做到的，但长期拿就不一定了。不少人感觉，长期拿还不容易做到嘛，买入放着不动就好了。可偏偏就是做不到。在基金赚钱的三个要点中，这最后一点才是最难的，因为长期拿完全是反人性的。大家做投资都是喜欢今天买点这个、明天买点那个，死守着一只基金不动这种枯燥的事，大部分人是很难做到的。这一章我们谈一谈长期拿的好处、难处以及相对应的解决方案。

我们先来定义一下，长期拿的长期到底是指多久，A股30多年来的规律是7年一牛熊，我们按这个周期的时间长度来持有基金就基本经历了一波完整的牛市和熊市，持有的基金也有一轮完整的表现，那么，我们就以7年以上作为我们定义的长期。当然，大家如果能做到像股神巴菲特那样十年、几十年地持有更好。

5.1 为什么要长期拿？

也就是说，基金投资长期拿有什么好处。

首先，基金长期拿，能大大降低投资盈利的难度。哪怕你在市场的最高点买入了，把时间周期拉长，比如10年以上，投资盈利的概率也是不低的。

先看一组数据。

从2007年10月16日上证指数最高点6124.04点算起，至2021年3月31日，偏股混合型基金指数涨幅接近120%，而沪深300跌幅超过13%（见图5-1）。

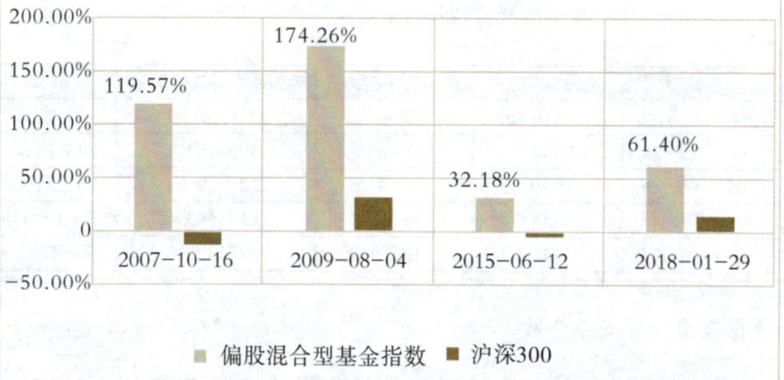

交易日期	上证指数点位	中国基金总指数	偏股混合型基金指数	沪深300
2007-10-16	6092.06	67.05%	119.57%	-13.28%
2009-08-04	3478.01	92.44%	174.26%	33.31%
2015-06-12	5178.19	23.90%	32.18%	-4.87%
2018-01-29	3587.03	31.21%	61.40%	15.23%

数据来源：好买基金网。

图5-1　2007—2021年历史波段高点持有基金指数至2021年3月的收益

如果在市场相对顶部持有偏股混合型基金指数，收益依然好于沪深300。

2005年6月2日，上证指数点位为1016.06点，截至2021年3月31日，偏股混合型基金指数上涨1129.81%，同期沪深300指数涨幅为502.77%（见图5-2）。

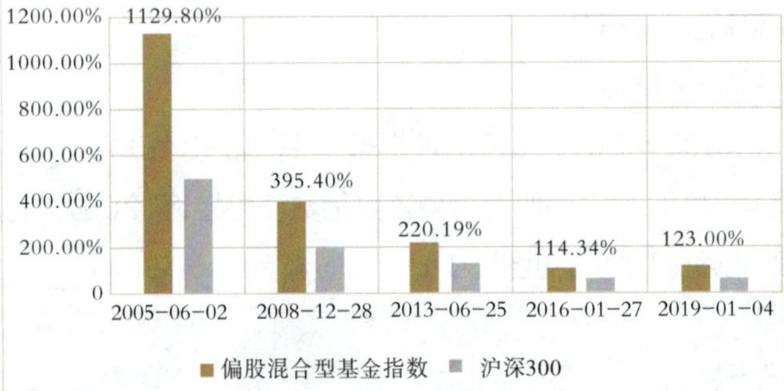

交易日期	上证指数点位	中国基金总指数	偏股混合型基金指数	沪深300
2005-06-02	1016.06	536.09%	1129.81%	502.77%
2008-12-28	1664.93	201.61%	395.40%	205.10%
2013-06-25	1849.65	109.41%	220.19%	132.51%
2016-01-27	2638.30	54.82%	114.34%	71.68%
2019-01-04	2440.91	48.28%	123.00%	70.27%

数据来源：好买基金网。

图5-2　2005—2021年历史波段低点持有基金指数至2021年3月的收益

2021年3月，上证指数在3500点附近震荡，如果在3500点购买基金，收益如何？

2007—2021年的15年间，上证指数有7次上涨触及3500点。统计数据显示，如果从2007年时的点位持有中国基金总指数、偏股混合型基金指数，截至2021年3月31日，两者的涨幅都高于沪深300（见图5-3）。

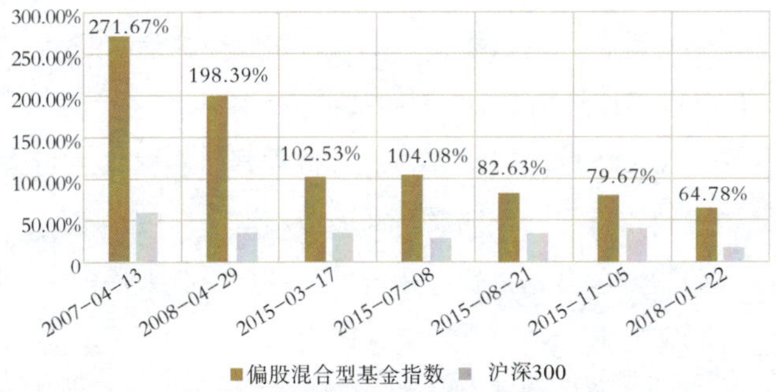

交易日期	上证指数点位	中国基金总指数	偏股混合型基金指数	沪深300
2007-04-13	3518.27	155.10%	271.67%	58.93%
2008-04-29	3523.41	107.48%	198.39%	35.38%
2015-03-17	3502.85	54.02%	102.53%	36.23%
2015-07-08	3507.19	52.10%	104.08%	28.52%
2015-08-21	3507.74	43.54%	82.63%	34.21%
2015-11-05	3522.82	42.59%	79.67%	39.13%
2018-01-22	3501.36	32.54%	64.78%	17.80%

数据来源：好买基金网。

图5-3　2007—2021年3500点买入基金指数持有至2021年3月的收益

测算结果表明，对于基金投资而言，如果能真正做到长期拿，你在哪个点位开始投资基金并不是十分重要。基金投资能做到长期拿，也就大大降低了我们投资基金的难度。

其次，基金长期拿也有一些实际的好处，比如：

① 持有时间越长，费用越低。2017年证监会的“公募基金流动性风险管理新规”出台后，持有基金低于7天卖出要收1.5%的惩罚性赎回费，而持有时间越长费率越低，这也是基金需要长期拿的原因之一。

② 频繁买卖浪费时间成本。在第1章，我们说过，基金交易无论申购还是赎回都是需要时间的，短则“T+1”日，长

的如有的合格境内机构投资者（QDII）基金需要一周才到账。在这段时间里，这笔钱既没有利息，也没有收益，还不能流动，所以频繁地买卖基金会导致资金的闲置。

③ 发挥复利的作用。基金投资就像是滚雪球，是本金和利息的滚利效应，而长期拿有利于复利效应带来财富增长，所以我们需要学会和时间做朋友，在基金投资中找到一只好基金持有就可以了。

最后，基金长期拿对我们投资者的生活没什么影响，还能适当降低我们对投资基金的关注，从而有更好的心态来持有基金，这就形成了一个良性循环。

5.2 为什么大多数人做不到长期拿？

基金投资长期拿有那么多好处，关键就在于能不能做到长期拿。

有几组数据表明，大部分基民做不到长期拿。

① 2007年牛市，基民持有基金的周期是7个月。

② 中国证券投资基金业协会公布的基民2018年度总结报告显示，约48%的基民持有基金不足1年，持有5年以上的只有8%。

③ 天天基金网数据显示，2020年基金投资者的平均收益略超14%，仅高于上证指数13.87%的涨幅，而2020年基金平均收益率为42.32%，收益率超过14%的基金达到了4011只，占当期基金总数的57%，有1726只基金收益率超过50%，107只基金收益

率翻倍。

为什么大部分基民做不到长期拿?

简单来说还是心态决定的。人们在投入本钱少的时候，往往心态比较好，涨跌不为所动。可在投入本金多了后，得失心便开始重了，就很难保持平和的心态了，每天盯着行情的起起落落，看着自己账户的盈亏，赚钱了就兴奋不已，亏钱了就无比沮丧。

投资最大的风险来自我们不知道自己在做什么，因为未知，所以担心。投资基金时，看到自己账户上的收益下跌了，我们就会担心，是不是这只基金不行了，要找坏消息随时都可以找到，然后纠结还要不要坚持拿下去，“长期拿”早就被抛诸脑后了，这就是大多数普通投资者在持有基金时的心态。

兴哥自己做了很长时间的投资，也接触了很多人，发现大部分人根本做不到长期拿。因为他们没有一直学习投资和金融知识的决心，他们做的事情就是到处寻找消息，请求别人的一时帮助，但大多数时候他们的心里还是没底的。要知道，底气是长期拿、长线持有的根本保障。

其实很多人都知道基金长期投资比短期投资好，但实在是承受不了基金收益的大幅波动，所以才做不到“长期拿”。

影响心态的根本原因就是上一章“兴哥小灶”里说的贪婪和恐惧。在投资市场上，贪婪和恐惧是永远都挥之不去的，贪婪吸引着人们进入市场，而恐惧则驱使着人们远离市场。因为出于对市场的恐惧，赚了一点钱会害怕转头又跌回去，所以早早选择落袋为安，亏了一点钱又会担心还会亏得更多，因此便急不可耐地“割肉”离场。对市场的恐惧，根本上是由对市场的无知造成的。因为不知道未来会怎样，所以才会担心。对市场越是无知，恐惧就越深。如果不能有效减轻对市场的恐惧，也就没法安心长期拿一只基金了。

最后还有一些实际的原因，比如没有长期稳定的投资资金或计划长期拿的资金。做基金投资要做到长期拿，首先必须要有长期稳定的投资资金。有的人用来买基金的钱，或许就是下个月的生活费，还有的人买基金的钱甚至是借来的，这样自然难以做到长期拿。

投资中有个著名的“不可能”三角（见图5-4），是说高收益、低风险、短时间（盈利）不可能同时存在。这一点，大家一定要注意。

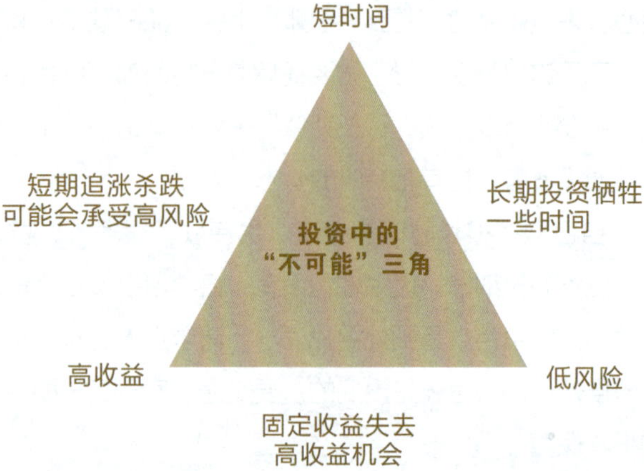

图5-4　投资中的“不可能”三角

5.3 怎样才能做到长期拿？

要做到长期拿，首先，要选出一只能够长期拿的基金。

什么样的基金才适合长期拿？只有投资体验好的基金才能够长期拿。何谓投资体验好的基金？简单来说，就是基金的收益波动起伏不大、比较稳定的基金，比如兴全合润混合（LOF）。

从近10年的收益曲线（见图5-5）上可以看出，这只基金的收益相当稳定，我们想要长期拿的基金就是要找这种稳稳的幸福。

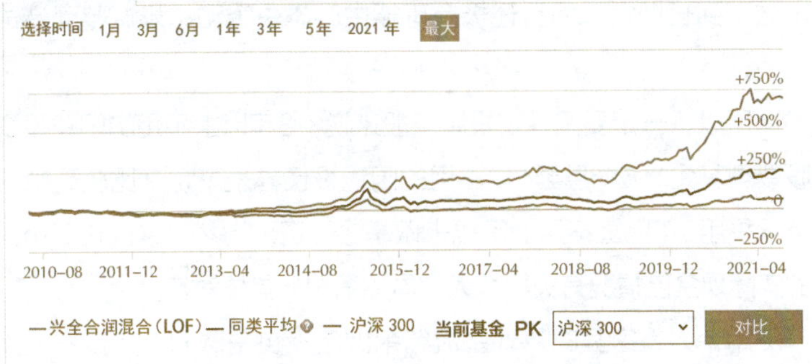

数据来源：天天基金网。

图5-5　兴全合润混合（LOF）近10年走势

我们再看一只短期收益很好，但波动大、不稳定、投资体验不好的基金——2020年非常火的诺安成长混合（见图5-6）。

2020年第二季度，诺安成长混合的收益增长很快，当时大出风头，但拉长时间来看，这样的收益曲线是很难做到长期拿的，波动太大，有一种坐过山车的感觉，一般人是受不了这样的刺激的。

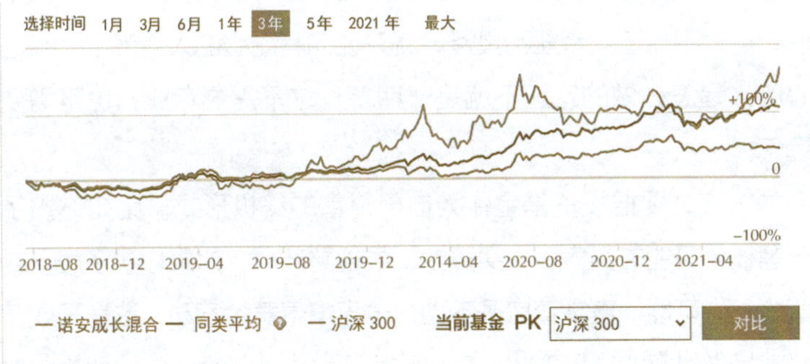

数据来源：天天基金网。

图5-6　诺安成长混合近3年走势

其次，一定得是闲钱投资。

要做到长期拿，就要做好闲钱规划，如果拿急用钱投资，肯定做不到长期拿，而且还极有可能由心态失衡和市场调整而造成亏损。

所以，一定要闲钱定投，一般来说，3年以上不用的闲钱投资股票型基金，6个月至1年不用的闲钱投债券型基金，比较理想的情况是用5年以上不用的闲钱来做基金投资。当然，这也和每个人的实际现金流情况有关，个人的具体情况要具体对待。

用个人或家庭的月现金流结余做定投也是做到基金投资长期拿的一个好办法。也就是说，不管你是按月还是按周，坚持定投，主动选择长期拿，这对于普通散户来说是一个投资的好办法。

最后，也是最关键的一点，要在认知上有根本的改变。

你赚不到你看不到的钱，也做不到你想不到的事，认知的改变是一个人最大的成长。这就涉及我们为什么要做基金投资以及怎么做基金投资的底层逻辑了。

第一，要对自己的能力有清醒的认识。资本市场上有三种人能挣钱——有耐心的人、有专业的人和有运气的人。对于普通人来说，运气不靠谱，专业不具备，就只能向有耐心的人看齐了。有耐心的人是怎么做的？还不就是长期拿！这不需要专业，也不需要运气。

第二，要把投资基金作为自己财富的终极形式。比如你攒了一笔钱，可能去买房子、买黄金、买理财产品，如果你买了房子或黄金，你可能一直拿着房子不动、一直拿着黄金不动，这房子或黄金就是你财富的终极形式。宾夕法尼亚大学沃顿商学院的西格尔教授统计了美国近200年来各大类金融资产的数据，得出的结论是：

在200年的时间里，货币贬值了95%，票据和债券的年均收益率在3%左右，房地产的年均收益率略高于3%，股票的年均收益率为6.7%。基金是投资股票的，我们也可以把基金作为自己财富的终极形式，从一而终长期拿。

兴哥小灶

本章重点讲基金投资需要长期拿，核心是怎样做到长期拿。

在小灶里给大家讲下基金的分散配置，这也是降低收益波动性从而做到长期拿的一个好方法。

基金的分散配置，简单来说就是构建基金组合。

为什么要做基金组合？

单只基金的波动很大，不确定性也比较大。任何人都不能确保单只基金每年都能比较确定地上涨，这一点连巴菲特都做不到。

把全部家当都放在1只基金里完全就是在赌。除非你投入的钱特别少，亏光也没什么大的影响。但是对大多数人来说，哪怕只有万分之一的风险，一旦风险成为事实，都是无法承受的。尤其是那些资金积攒比较辛苦、风险偏好比较低的投资者，更要做分散配置。

做基金组合的目的，不是和组合里表现最好的基金比较，组合肯定跑不过里面某一只表现优异的基金；但组合也不会踩到“大雷”，即便踩到，影响也明显小于持有单只基金的情况。

这一点和我们买基金而不是买股票的初衷是相似的。

组合的目的就是平滑不确定性风险。在分散投资的情况下，获得一个较为确定、长期的正收益。只要有正收益，就会有累积的复利效应，长期下来，积累的投资收益是非常可观的。

最后简单介绍下我自己在用的基金组合方式：核心+卫星（见图5-7）。

核心资产主要是指长期投资的宽基基金和优质的主动型基金。卫星资产主要是指行业基金、主题基金和激进的主动型基金。

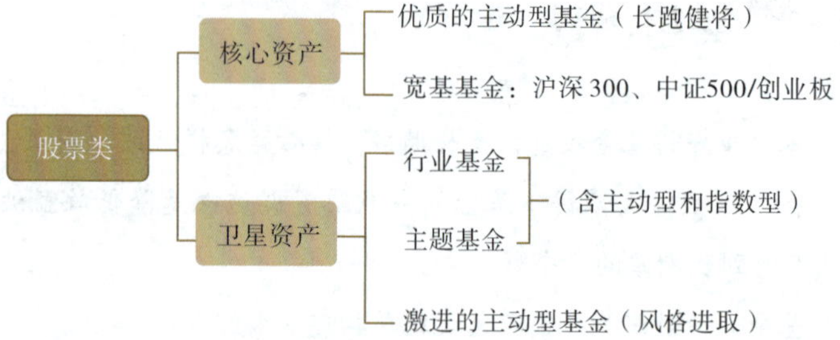

图5-7 兴哥使用的“核心+卫星”基金组合方法

此外，核心资产还可以包括优质债券、纯债基金等，卫星资产还可以包括优质股票、黄金、大宗商品等。

原则上建议核心资产要超过六成以上的仓位，以达到主要资产长期稳健增长下，也能依靠卫星资产要么减少组合的波动，要么因为高弹性资产获得更高的浮动收益的目的。

按第2章说过的风险偏好划分，给点具体的比例供大家参考。

保守型：核心资产占八成或以上+卫星资产一两成。

中立型：核心资产占六七成+卫星资产三四成。

进取型：核心资产占五成+卫星资产五成。

最后建议大家，核心资产一定要长期拿，卫星资产也要有方法地灵活操作。

第6章　该拿多少钱来投资基金

本书第一部分的核心是基金投资盈利的九字要点——选好基、低位进、长期拿，也可以叫作基金投资九字真诀，在前面三个章节已经全部讲完。但是还有些实际问题没有解决，本章谈谈该拿多少钱来投资基金。在讲拿多少真金白银来投资基金之前，我们先讲下投资的三要素（见图6-1），有了这个基础才好做基金投资的资金规划。

6.1 投资的三要素——流动性、风险、收益

图6-1　投资三要素

（1）流动性需求

什么是流动性需求？举一个简单的例子：现在大家都在憧憬牛市，都觉得牛市会来，看到的却是大幅震荡。那么，如果进入一到两年的震荡期，你投进去的钱可能一到两年都拿不出来，盈利没有多少，亏损也没有多少，也可能刚刚保本。如果出现这种情况，你能不能承受？也就是说，你投资的钱有可能在一到两年内都取不出来、用不了，这就是流动性需求。

（2）风险承受能力

假如你投资10万元亏损了2万元，或是你投资100万元亏损了20万元，亏损比例是一样的，都是20%，那么，你能不能同样去承受呢？10万元亏2万元，很多人觉得亏得还不算多，但是100万元亏20万元，从绝对金额来看亏损就比较大了，尽管亏损比例都是20%。所以，我们在做投资前，可以先做一个压力测试，看看自己的风险承受能力。

比如，你现在有20万元，一次性投入50%就是10万元，万一跌20%，你就会亏损2万元，你觉得自己能不能承受？如果觉得亏得有点多、难以承受，那么你就要把你的仓位比例往下降，比如投20%，也就是4万元。这样，如果跌20%就只亏8000元。如果觉得这个亏损能够承受，就可以按照这个比例去投资。这就是我们说的压力测试。

这个测试大家可以自己做，把自己现有的可投的本金划分出来，计算一下，一次性投入50%是多少，一次性投入20%又是多少，亏多少会觉得承受不了，然后按照能够接受的最大浮亏来进行资金规划。

具体投多少，首先要从风险承受能力出发，你理解了你能承受的最大风险，面对下跌时，你的心态就不会崩，而且可以从容地分批建仓。

兴哥做基金投资一直用的是自己的三段投资法。三段投资法并不是说只能投三次，大家可以理解为多段投资法。根据个人的习惯，投五次、六次，或者再多分几次投都没问题。也可以无限制地去定投，定投也是一种多段投资。不过兴哥的这个三段投资法和之前讲过的大盘定位法一直都是配套使用的，大家在分批投的时候也要有自己的交易依据。

（3）收益预期

2020年的行情其实是非常好的，有些基金的收益已经超过100%。很多人都想着收益翻倍，对收益的预期很高。其实我们可以拉长一点来看，就A股而言，过去10年，基金的长期年收益在10%~15%。巴菲特的年收益复合增长率是18.7%。那么大家可以问自己，你确定自己比巴菲特都牛吗？巴菲特的资金量肯定是我们无法企及的，他能做到这个收益率已经很厉害了。我们确定自己可以超过巴菲特吗？还是安安分分参考第2章里设定的关卡目标一个个来实现，那个比较现实，相信大家能有自己的判断。

在基金投资方面，新手的一个很大的特点是容易浮躁，看到别人一下子赚了很多，就各种羡慕嫉妒恨。之前知乎上有很多用高收益来吸引眼球的，包括一些所谓的大神、大V，动不动就说收益可以达到10年10倍，年化复利超过25%，比巴菲特还厉害。关键是，能做到吗？我们面对的现实是，过去10年A股的年化收益是

10%～12%，也就是说，你达到这个收益率已经及格了，而且是做得比较好的。所以，大家要知道自己大概是什么样的段位，不要对自己的收益预期过高。

本章既然是谈钱，那先不说怎么赚钱，先看看基金投资新手是怎么亏钱的，做投资，回避风险永远都在第一位。

6.2 新手的钱是怎么亏掉的

很多新手投资基金亏钱，是因为不自觉地运用了“添油战术”，这是投资中很忌讳的一个战术。

什么是添油战术？我们举例来说明。

比如2020年7月的行情非常好，大家看到几乎所有的基金都在涨，身边有很多人在赚钱，就心动了，先投5万元试试水。这是第一步：试水。

试水之后，行情还在，投资基金赚钱了，觉得一开始投少了，就开始加大投入，这次投了20万元。这是第二步：加仓。

运气不错，这次加大投入的又赚了，觉得这个市场的钱真是太好赚了，觉得自己就是基金投资天选之人，于是就大举买进，满仓，甚至去借钱、融资，这次投了100万元。这是第三步：满仓。

运气不会一直有的，在满仓投入后，基金开始跌了。一波大跌后，由于前面投得少，之前的盈利完全覆盖不了现在的亏损，最后亏损几十万元离场。这是最后一步：亏损出场。

很多新手投资基金亏钱都经历了这样一个过程：刚开始不敢投，只投一点点钱进去，投的越少的时候越赚钱，投得越多的时候越亏钱。对基金投资完全没有规划，如果我们在开始投资之前就做好相应的投资计划和资金规划，就完全可以规避这样的亏损。

简单举例说明一下对“添油战术”的应对方案。

还是在2020年7月，行情非常好，基金小白想要投资基金了，我们做个简单的规划，一开始就定好这次想要投入的资金，比方说是20万元。也就是说，不管之后的行情怎么样，我们的所有交易计划都是在这20万元中，不再追加资金了。这样我们也方便制订分批买入的计划，20万元分4批，就是每次买5万元。假设还是一样的行情，在后面行情下跌的时候，我们之前的盈利就算不能完全覆盖亏损，也差不了多少的，因为我们投入的仓位比例是一致的，就不会有“添油战术”中头轻脚重那么不合理的仓位。非常简单的仓位管理就可以避免很多无谓的亏损。

接下来，重点讲下基金投资的资金规划应该怎么做。

6.3 资金规划应该怎么做

我们还是用上面小白亏损的案例来说基金投资的资金规划应该怎么做。其实很简单，在你开始做投资时，就把能投的全部资金做一个规划。比如我这次只打算投20万元，我就只投20万元，不会再加了，要加也是之后的事情，那是另外一个投资计划。这一波我只投20万元，然后在这20万元的额度里进行一个合理的投资配置，这样才不会盲目地去投。

从理财的角度来看家庭或个人在基金投资中的资金规划，就是要管理好四笔钱（见图6-2）。

图6-2 管理好四笔钱

第一，留足要花的钱。要花的钱，指的是随时需要用的钱，即现金规划，主要是用于 3~6 个月的日常开支。因此，这笔钱的要求主要是流动性好、风险低，相应的收益也不会太高。考虑到这些特点，就基金投资来说，这笔钱和货币基金完全匹配。

第二，备好要用的钱。要用的钱，指的是半年以上、3年以内，有具体用途但无须随时动用的钱，比如买房、装修、小孩出国，以及未来所有可能发生的大笔支出等。这笔钱可以在尽量不亏损的前提下，根据时间搭配好合适的产品，去获取比货币基金更高的收益。就基金投资来说，可以通过配置数只优质的股票基金和债券基金，做一个以债券基金为主、预期年化收益能在4%~8%、严控净值回撤的基金组合，力求获得最优收益风险比。怕麻烦的也可以直接投资优质债券型基金来获取更加稳健的回报。

第三，保险保障的钱。保险是在不确定的未来中给你的生活托底，让你不至于在风险发生时承受过多的损失。别小看设立该账户的目的，我们在生活中，仅仅依靠攒钱和生钱是不够的。因为有可能一次意外事故而造成你家的“水库”决堤或损失惨重，使你的家庭钱财大量流失，甚至负债累累。

第四，管好投资增值的钱。投资增值的钱，是留给未来的钱，之前在第5章我们说过，最好是你 3～5 年内都不需要用到的。这部分钱投资期限较长，主要投资于高风险产品，将投资期限拉长以降低整体风险，追求更高的收益。而长期投资的主要收益来源是经济增长带来的红利。就基金投资来说，可以用第5章“兴哥小灶”说的基金组合配置的方法来构建一个以股票基金为主、预期年化收益率能在10%～15%、适当承受净值回撤的基金组合，力求获得最优收益风险比。

这四笔钱的分配比例在不同的生命周期有着不同的比重，原则还是要做好投资三要素的平衡，年轻时期，建议投资增值的比重大一点。

兴哥小灶

俗话说，“凡事预则立，不预则废”，对投资来说更是如此。上面主要从理财的层面讲了基金投资的现金规划，在实际操作中，具体涉及的是基金投资的资金仓位管理。

在基金投资过程中，“仓位集中度”是一个非常重要的衡量指标，即投资任何单一基金产品的金额占可投资金额总量的百分比，最好不要超过30%，以避免投资过于集中带来的风险。

关于基金投资的资金仓位，我们可以采取预期最大回撤的方法，也就是以基金的以往最大回撤作为自己的防守心理预期。有了这个底线，心里就不会那么慌了。新生代基民恐慌的最大原因还是对行情的未知，不知道要跌到哪里去，常常“割肉”割在了行情底部。如果我们有了这个防守心理预期，就可以比较从容地面对行情的下跌了。

以表6-1中的易方达中小盘混合为例，2016年3月以来，最大回撤是29.3%。以30%作为自己持有中小盘的最大回撤，然后根据基金的最大回撤，确定出符合自己风险承受能力的基金仓位。

仓位=可承受最大亏损÷基金最大回撤

表6-1　2016年3月以来部分基金的年化收益率和最大回撤

基金名称	投资类型	基金经理	基金成立日	基金管理人简称	2016年3月以来年化收益率/%	2016年3月以来最大回撤/%
易方达中小盘混合	偏股混合型基金	张坤	2008-06-19	易方达基金	37.88	-29.30
中融新经济混合A	灵活配置型基金	甘传琦	2015-11-17	中融基金	36.96	-27.49
中欧时代先锋股票A	普通股票型基金	周应波	2015-11-03	中欧基金	35.22	-21.79
富国新动力灵活配置混合A	灵活配置型基金	刘博	2015-08-04	富国基金	34.56	-20.78

（续表）

基金名称	投资类型	基金经理	基金成立日	基金管理人简称	2016年3月以来年化收益率/%	2016年3月以来最大回撤/%
汇添富消费行业混合	偏股混合型基金	胡昕炜	2013-05-03	汇添富基金	34.38	-29.32
富国新动力灵活配置混合C	灵活配置型基金	刘博	2015-08-04	富国基金	34.01	-20.96
华安生态优先混合	偏股混合型基金	陈媛	2012-11-28	华安基金	33.82	-23.23
嘉实新兴产业股票	普通股票型基金	归凯	2014-09-17	嘉实基金	32.63	-27.55
交银新成长混合	偏股混合型基金	王崇	2014-05-09	交银施罗德基金	32.28	-24.65
交银消费新驱动股票	普通股票型基金	韩威俊	2012-11-07	交银施罗德基金	31.91	-23.32
华安国企改革主题灵活配置混合	灵活配置型混合	张亮	2015-06-29	华安基金	31.77	-25.52
万家优选	偏股混合型基金	黄兴亮	2005-07-15	万家基金	31.69	-23.10
工银文体产业股票A	普通股票型基金	袁芳	2015-12-30	工银瑞信基金	31.58	-20.43
华商新趋势优先灵活配置混合	灵活配置型基金	周海栋	2012-09-06	华商基金	31.45	-26.19
富国天益价值混合A	偏股混合型基金	唐颐恒	2004-06-15	富国基金	31.04	-26.27
华安新丝路主题股票	普通股票型基金	谢昌旭	2015-04-09	华安基金	30.95	-23.09

（续表）

基金名称	投资类型	基金经理	基金成立日	基金管理人简称	2016年3月以来年化收益率/%	2016年3月以来最大回撤/%
富中文体健康股票A	普通股票型基金	林庆	2015-05-06	富国基金	30.76	-29.50
长城中小盘股长混合	偏股混合型基金	何以广	2011-01-27	长城基金	30.68	-25.01
泰达宏利稳定混合	偏股混合型基金	张劲（代）、刘欣	2003-04-25	泰达宏利基金	30.45	-27.48
交银定期支付双息平衡混合	平衡混合型基金	杨浩	2013-09-04	交银施罗德基金	30.28	-19.51
信诚至远C	灵活配置型基金	王睿、刘锐	2012-12-12	中信保诚基金	30.26	-10.59
交银先进制造混合	偏股混合型基金	刘鹏	2011-06-22	交银施罗德基金	30.17	-25.02

数据来源：Wind。

假如上面说的易方达中小盘混合基金的最大回撤是30%，而自己能承受的风险是持仓下跌15%，那么可以以50%的资金仓位购买基金，剩下的仓位做一些稳健的投资。

资金投资的仓位管理是实操性很强的技能，这里只通过对个人的风险承受力来确定单一基金的最大仓位，对于基金组合，道理也是一样的。可以根据基金组合的最大可能回撤来衡量在资金规划中对整个组合的仓位是否合理。

这样本章就解决了基金投资的资金规划问题和在具体交易中单只基金或基金组合的资金仓位问题。

第7章　会买还要会卖：基金止盈的技巧

之前我们说过基金投资要长期拿，但在实际的投资过程中也确实不好拿，现在有很多粉丝和兴哥交流基金投资，问得多的反而是持有的基金该不该卖出，怎么样合理的止盈才比较好。在第1部分最后一章，我们就讲下基金止盈的技巧。

在基金投资中，止盈就是在买入成本之上再卖出并且最终获得实际收益的投资策略。也就是“见好就收，落袋为安”！

很多人说，基金是长期投资，最大的技巧就是一直持有不止盈。兴哥很认同这一观点，但在实操中，很多人会遇到需要卖出基金的情况，那么在基金卖出时，我们如何止盈呢？这一章，我们介绍三种基金止盈的方法。对于新手，建议最开始投资时使用目标止盈法。

7.1 目标止盈法

即设定一个“目标收益率”，达到这个收益率时就果断赎回。那么，该将收益率设为多少呢？这个问题没有标准答案，而是取决于每个人对投资收益的期望。

需要注意的是，这个“目标收益率”要和计划投资的时间相匹配。

比如:

投资时间不满1年，收益率在10%～12%之间止盈。

投资时间为1～2年，收益率在15%～18%之间止盈。

投资时间为2～3年，收益率在20%～25%之间止盈。

目标收益率越大，达到目标所需的时间就越长。

另外，可以按累计收益率止盈，也可以按年化收益率止盈。

累计收益率就是我们平常说的收益率，比方说我们买了一只基金，收益达到了50%，这个50%就是累计收益率。由于累计收益率没有考虑投资的时间因素，其设定依自身的风险偏好、预期收益、市场情况而定，比较灵活，是我们做基金投资收益判断最直接也是最主要的指标。

年化收益率是指投资期限为一年所获得的收益率，是把当前收益率换算成年收益率来计算的一种理论收益率，可以是单利也可以是复利。比方说，我们之前举例股神巴菲特的年化收益率在18%以上，这个18%就是年化收益率。年化收益率并不是真正已取得的收益率，和累计收益率相比，年化收益率考虑了时间因素，会复杂一些。年化收益率的设定可以参考历史数据，对于投资经验不多、投资时间不长的基金新手来说，主要还是考虑累计收益率，本章所说的目标收益率也是指累计收益率。

注意，在达到目标收益率后，不用一次性全部抛出。可以分批卖出，这样可以让“子弹”多飞一会。

目标止盈法的优点是能帮助我们获得固定的预期年化回报率，而且简单易操作，实际操作起来容易上手，适合新手稳稳地把收益锁定在自己手中。缺点是目标的设定需要技巧，设置高了导致卖不出去，设置低了可能错过上涨高峰。此外，如果设定目标收益率过低，有可能会频繁赎回，花去手续费不说，赎回后买入较高性价比的基金的机会也会减少。

建议新手短线以8%～10%的预期目标为准线，中线以25%～30%的预期目标为准线。赚到了就卖出，然后再找新的机会。这样可以不断地增加自己的投资信心，能够坚持投资下去。

从表7-1看，25%～30%的预期目标已经很高了。

表7-1　2004—2019年基金指数年化收益数据

年份	普通股票型基金指数	偏股混合型基金指数	债券型基金指数	货币市场基金指数	上证综指	沪深300	万得全A	CPI
2004年	5.38%	0.26%	-1.06%	1.93%	-15.40%	-16.30%	-16.62%	3.90%
2005年	2.98%	3.10%	8.76%	2.27%	-8.33%	-7.65%	-11.52%	1.80%
2006年	133.91%	117.88%	10.98%	1.90%	130.43%	121.02%	111.90%	1.50%
2007年	128.18%	119.83%	14.85%	3.33%	96.66%	161.55%	166.21%	4.80%
2008年	-50.88%	-48.80%	8.05%	3.57%	-65.39%	-65.95%	-62.92%	5.90%
2009年	70.99%	62.98%	4.63%	1.43%	79.98%	96.71%	105.47%	-0.70%
2010年	2.86%	5.31%	7.12%	1.74%	-14.31%	-12.51%	-6.88%	3.30%
2011年	-24.72%	-22.70%	-3.01%	3.31%	-21.68%	-25.01%	-22.42%	5.40%
2012年	5.68%	3.65%	7.04%	3.73%	3.17%	7.55%	4.68%	2.60%
2013年	15.47%	12.73%	0.98%	3.64%	-6.75%	-7.65%	5.44%	2.60%
2014年	23.68%	22.24%	17.82%	4.12%	52.87%	51.66%	52.44%	2.00%
2015年	47.89%	43.17%	10.77%	2.73%	9.41%	5.58%	38.50%	1.40%
2016年	-10.11%	-13.03%	0.39%	1.87%	-12.31%	-11.28%	-12.91%	2.00%
2017年	15.82%	14.12%	2/01%	2.86%	6.56%	21.78%	4.93%	1.60%
2018年	-24.67%	-23.58%	4.25%	2.98%	-24.59%	-25.31%	-28.25%	2.10%
2019年	47.10%	45.02%	6.09%	2.29%	22.30%	36.07%	33.02%	2.90%
2004—2019年	869.93%	656.55%	157.38%	53.81%	103.74%	242.88%	365.53%	52.70%
复合年化	15.26%	13.48%	6.09%	2.73%	4.55%	8.01%	10.09%	2.68%

数据来源：Wind。

7.2 回撤止盈法

如果完全按照预期目标卖出止盈，操作上比较简单，但技术上缺乏依据。当基金涨了30%，后面就不会涨了吗？谁也不知道，没有人能够卖在最高点。我们不追求一波行情能完全赚到位，但跟随行情回撤止盈是可以做到的。

回撤止盈法就是不设定目标收益率，让盈利奔跑，只在基金净值回撤的时候设定最大的回撤阈值，在达到设定的回撤阈值之前，不慌止盈，选择继续持有，当跌破设置的回撤阈值时，便可立即止盈。

在具体执行上，回撤止盈需要设置一个区间。比如，可以把收益率回撤定为5%～10%，如果单只基金的收益回撤达到这个幅度，就卖出。

如图7-1所示，我们设定了10%的回撤阈值，收益在达到100%后回撤了10%，触发了我们的回撤阈值，我们就可以在这个时候止盈卖出了，哪怕回撤了10%，收益也达到90%了。

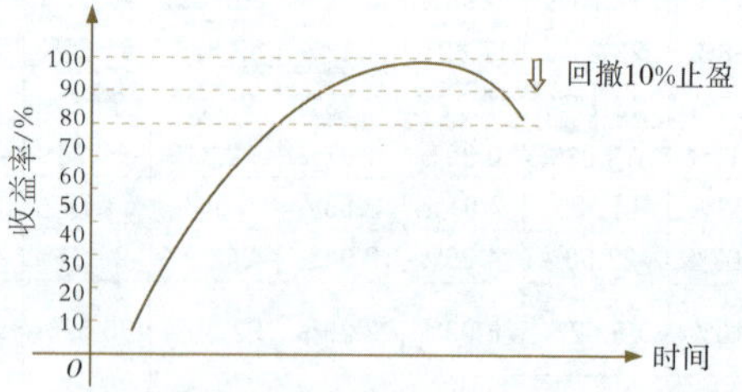

图7-1　收益率回撤区间可定为5%～10%

回撤止盈法的优点是更适合牛市行情，可以获得比预期更高的收益，赎回后不会后悔，没有什么心理压力，也不用担心大熊市被割。缺点是容易在市场回调时把握不住时机，错过最佳赎回点。

建议在牛市时使用回撤止盈法，用在波动较大的中小盘基金或行业基金的时候，回撤区间可以适当加大。

7.3 目标动态止盈法

我们还可以把目标止盈法和回撤止盈法结合起来使用，我把它称为目标动态止盈法。

如图7-2所示，我们先设置好一个稍大的止盈目标，比如30%，达到这个目标之后，再提高止盈点，比如提高到40%，再达到后就再提高，途中只要回撤幅度达到5%就立刻止盈。

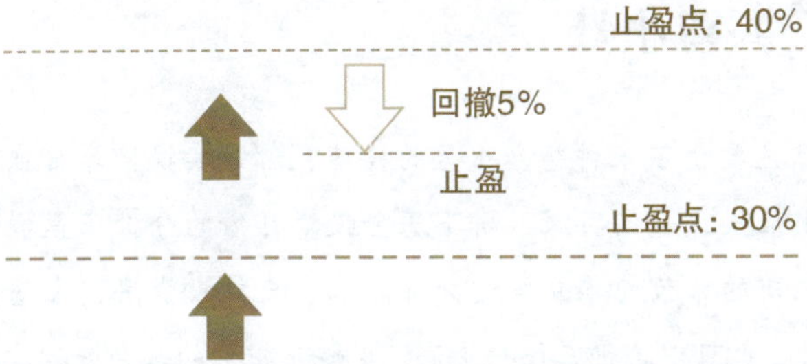

图7-2　在两个止盈目标之间的回撤达到一定幅度就要止盈

另外，在我们设定的第一个止盈目标达到以后，根据行情的实际情况，我们既可以选择止盈，也可以设定好下一个止盈目标，而在下一个止盈目标达到以后，还可以再次拉大止盈设定新的止盈目标，如此反复循环操作，在有盈利打底的前提下，投资者能保持很好的心态。

有一点需要特别强调，回撤达到我们设定的幅度一定要及时止盈，而且随着盈利空间的增大，回撤幅度的设定也可以随之加大。

比如，盈利30%，回撤设为5%；

盈利50%，回撤设为10%；

盈利80%，回撤设为15%；

……

以此类推，根据实际情况灵活设定。

这种方法结合了前两种方法的优点，既能确保一定的盈利，又带有相当的灵活性，建议大家在对基金进行长期投资的过程中使用。

兴哥小灶

本章主要讲了三种基金止盈的技巧，都是实操性非常强的方法，在小灶里，我们再深入讲下基金投资具体的分批止盈操作。我们在之前的章节简单介绍过兴哥的基金三段投资法，在基金投资止盈时，也可以遵循三段投资法，也就是把你的基金分批次进行止盈。

简单举例来说就是：

当收益率达到20%时，做第一批止盈；

当收益率达到25%时，做第二批止盈；

当收益率达到32%时，进行第三批止盈或全部赎回。

以此类推，有一点需要说明下，就是分批的批次不宜过多，目标止盈收益率的间隔也不宜过少。你不能说我看着涨1个点就出一次，这样的操作既烦琐也没有多大意义。

一般来说，目标止盈收益率的间隔建议在10%以内，分批止盈的次数也建议不要超过5次。

这里没有考虑所投基金的特性，只给一个大的原则，波动性不大的基金，收益率的间隔就要定小一点；波动性很大的基金，收益率的间隔需要定大一些。

如图7-3所示，设定好了分批止盈目标，在达到以后做分批止盈操作即可。

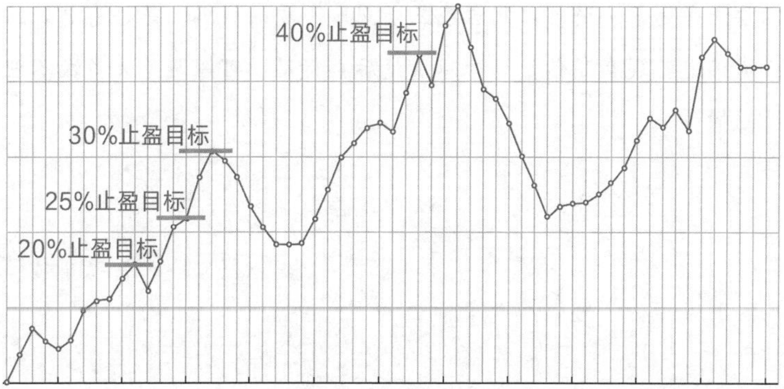

图7-3　分批止盈

需要注意的是，以上数据只是举例，具体操作中还要看计划的持有周期。对计划在半年以内的基金短线投资来说，可以考虑在基金收益率达到8%、12%、15%时分批止盈（数据仅供参考）。

基金中线投资可以参考30%作为止盈标准，是在一个牛市当中可以达到的收益水平，而且在真正的实操中，我们并不能真正判断出牛熊市，但是当收益水平达到30%时大概率是一个中期向上的趋势，止盈收益率的间隔也可以适当拉大一些。

为什么用分批的方式来止盈？

因为我们无法判断行情持续的时间和幅度，用分批止盈的方式来平滑上升过程中带来的风险，这样就算市场继续上涨，我们也可以靠着剩下的基金份额赚钱。假如市场下跌，我们也已经赚了一些钱入袋。

建议大家做好了止盈方案就要克服贪婪，严格执行，不要心存“可能还得涨”的侥幸。止盈不及时，就有被没收的风险。

现实中，愿意坚守基金投资长期拿理念的投资者，在决定要不要止盈之前，还可以问自己三个问题：要用钱吗？是否有更好的投资渠道？现在高估了吗？想清楚后再行动，可以避免大多数不理性的操作。

第2部分

基金投资实操

第8章 懒人理财术——基金定投

8.1 什么是基金定投

基金定投，简单来说，就是在固定的时间，用固定的金额，投资到固定的基金，俗称“懒人理财术”（见图8-1）。

图8-1　基金定投的三个特点

基金定投既可以是定时定额，也可以是定时不定额，最核心的一点就是要长期持续地投入。

（1）定时定额

定时定额是最传统的定投方式，也就是在固定的时间周期（如每周、每月等）买取固定金额的基金产品。不看行情，不猜涨跌，认准一只基金，用最傻瓜的方法到时间点就去买入一笔相同金额的基金。

从数据统计看，这种方法长期下来就能打败很多专业的玩家，一个动作持续3年，基本很少亏损，5年基本都赚了，拿10年的，已经翻了好几倍。

（2）定时不定额

这是一种“智能”的定投方法，也就是越跌越买，尽量在低位多买、高位少买，从而做到持仓成本被有效地平摊下来（见图8-2）。因为低位买的多，这样的定投方式相比定额定投会有更低的持仓成本。（关于什么是低位，可以参考本书第4章的内容。）

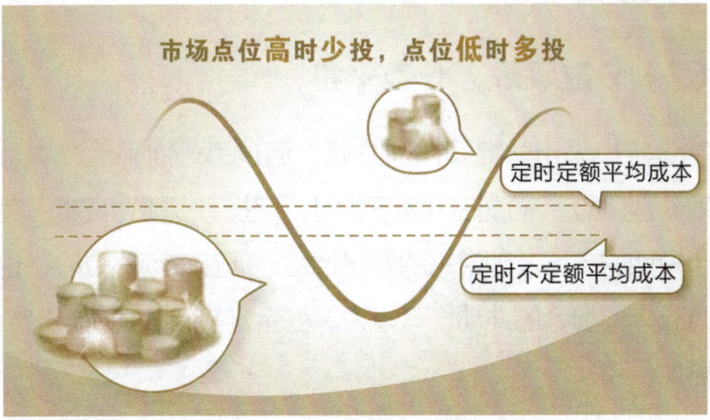

图8-2　定时定额与定时不定额的平均成本比较

8.2 为什么要定投

概括来说，基金定投有以下三个优点。

（1）淡化择时，省时省力

作为普通投资者，大部分人没法整天盯着大盘、看着财经新闻，何时买入是个大问题。定投有效地解决了这个问题，大部分平台都推出了自动定投的功能，设置好定投周期和定投金额，平台就会自动帮你买入，省事又省心。而且大多数投资者都只是普通人，容易追涨杀跌，在市场低点卖出，在市场高位买入，往往会错过最赚钱的时间段，造成不是被深套就是屡买屡亏的普遍现象。而基金定投淡化了择时，只需要准备好钱，定期自动扣款就可以，省时省力，坐享长期收益。

（2）分散风险，心态平和

基金定投采用分批买入的方式，通过每一期平滑成本，能够较好地分散风险。一般在市场下跌时，定投可以摊薄成本，缓解投资者因短期的市场波动带来的紧张情绪；而在市场高位时，也能限制住内心大幅加仓的冲动。可以说，基金定投往往能使得投资者的心态更加平和。

（3）强制投资，积少成多

定期定额的自动扣款，使得定投在一定程度上具备了强制投资的效果，帮助投资者积少成多，减少了不必要的超前消费，同时还能享受到复利效应，在不知不觉中慢慢积累财富。

8.3 定投适合哪些人

基金定投适合缺资金管理时间、缺大额资金、缺专业投资知识的“三缺”人士，具体来说，主要是以下三类人。

（1）普通的工薪阶层

工薪阶层因为平日需要上班，关注理财投资的时间比较少，无法掌握市场的涨跌，但又有资产保值的需要，所以定投可以帮大家做到“无脑投资”。

定投还能起到强制储蓄的作用，对于“月光族”来说，定投可以帮助他们每月留存下来一些钱，如果市场走势好，还会有增值的效果。

（2）在未来某一时点有特殊资金需求的人

比如，3年后需付购房首期款、20年后需付子女出国留学费用、30年后想要得到退休养老金等，都是在未来某一时点需要使用较大金额的资金。

在已知未来将有大额资金需求时，提早以定期定额小额投资方式来规划，不但不会造成经济上的负担，更能让每月的小钱在未来变成大钱。

（3）刚开始学习投资的理财小白

刚开始学习投资的理财小白比较容易陷入追涨杀跌的状态，

最终的结果就是亏得多赚得少，这样的投资小白比较适合定投，每次只要保持一定的份额，就可以不用去随时随地的关注，这样就不会有太大的心理波动，也不会去追涨杀跌，更大程度上保证投资收益。

这里再简单介绍一下基金定投微笑曲线。

基金定投微笑曲线就是基金投资者“涨了得收益、跌了攒份额”的过程。

在市场下跌或处于低位时进行基金定投，我们会经历“开始定投—出现亏损—继续定投—逐渐盈利”的过程，也就是我们常说的微笑曲线（见图8-3）。

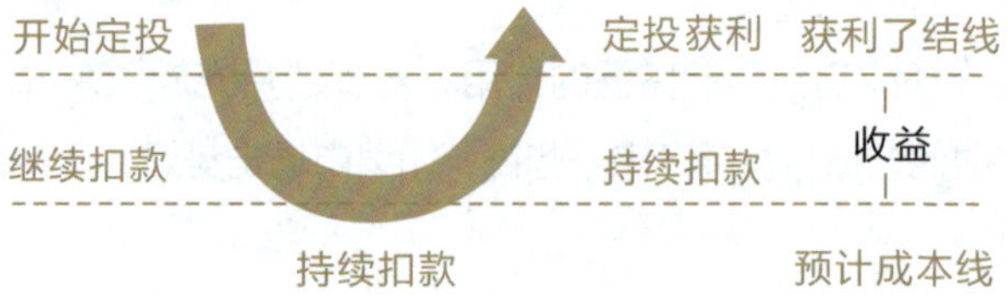

图8-3　基金定投微笑曲线

8.4 什么时候开始定投

上面说了定投的优点之一是淡化择时，也就是说时间拉长的话，基本上随时可以开始做定投。

不过，一般来说，在熊市尾声和牛市开端定投，收益会更高，本质上就是要选择便宜的时机定投。

怎么看便宜的时机？现在网络上一般用市盈率这个指标来衡量估值高低（见图8-4）。一般人做定投，按照网上划分的低估指数和适中指数直接投即可。

指数名称	指数类型	PE	PE百分位	PB	PB百分位	股息率	ROE	预测PEG
恒生指数 HKHSI	宽基指数	13.60	92.92%	1.27	53.00%	2.06%	9.32%	1.87
沪深300 SH000300	宽基指数	13.74	76.08%	1.60	58.40%	2.04%	11.62%	0.77
标普质量 SPCQVCP	策略指数	17.04	64.47%	3.03	54.27%	2.26%	16.94%	1.99
国证A指 SZ399317	宽基指数	17.91	58.76%	1.83	42.84%	1.57%	10.19%	0.77
深证红利 SZ399324	策略指数	18.18	82.24%	2.94	89.20%	1.75%	16.15%	0.97
养老产业 SZ399812	行业指数	23.07	44.99%	3.52	77.77%	1.34%	15.26%	0.98
中证500 SH000905	宽基指数	24.44	11.60%	2.05	22.28%	1.22%	8.39%	0.63
深证成指 SZ399001	宽基指数	27.54	65.20%	3.31	80.12%	0.97%	12.01%	0.82
中证环保 SH000827	行业指数	32.23	64.44%	3.38	86.76%	0.82%	10.50%	0.96
中证传媒 SZ399971	行业指数	33.90	22.01%	2.51	5.46%	1.20%	7.41%	0.55
中证1000 SH000852	宽基指数	33.96	14.96%	2.52	31.35%	0.87%	7.41%	0.67

数据来源：蛋卷基金。

图8-4　用市盈率衡量估值高低

关于这部分内容，我们在第4章已经做过详细介绍。这里再介绍两个不常见的指标给大家参考。

（1）巴菲特指标

巴菲特指标是股神巴菲特分析了美国上市公司80年的数据总结出的一个判断市场高位和低位的指标。

具体就是一国股市总市值与GDP的比值。

在我国，巴菲特指标和沪深300指数的走势高度相关（见图8-5）。

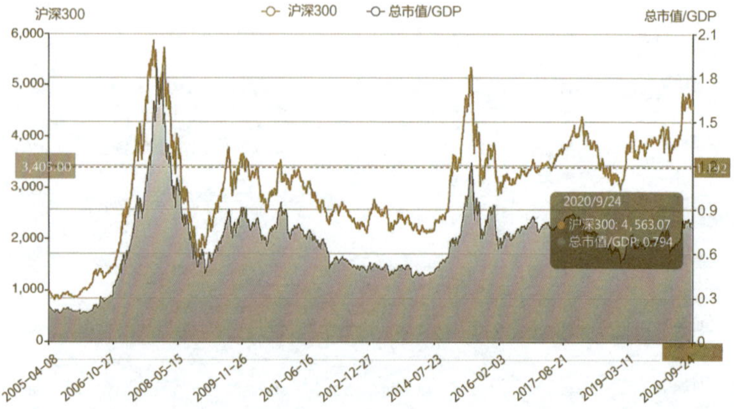

数据来源：乐咕乐股网。

图8-5　巴菲特指标走势

我们可以清楚地看到：沪深300指数的历史低位对应着巴菲特指标的低位，而当沪深300指数历史高位出现时，巴菲特指标也走高，两者具有很高的相关性。

因此，纵向比较相关国家巴菲特指标在历史不同时期的变化，就可以作为判定股票市场估值水平的一个重要参考指标。

一般来说，在我国，巴菲特指标低于70%时代表低估，也就是股市处于低位，可以大胆定投；巴菲特指标在70%～90%之间可以正常持有；巴菲特指标高于90%就得当心，可以考虑止盈了。

（2）格雷厄姆指数

格雷厄姆指数即股债收益率比。计算公式为：格雷厄姆指数=

全部A股等权重市盈率÷10年期国债收益率。

这个数据出自美联储的相关研究，美联储研究过去多年数据发现，股票投资收益率与美国长期国债收益率之间存在显著的相关性。而我们主要投资的股票型基金就是一堆股票的组合，和长期国债收益率之间也存在显著的相关性。

当市场的盈利收益率是10年期国债收益率的2倍时，市场就出现了比较好的投资机会。因为如果假设市场按50%的平均分红率，就意味着我们在这个位置的买入至少能获得不低于国债的收益率。

所以当比例越大时，说明股票（包括股票型基金）比国债收益更高，股票（包括股票型基金）越值得买。

从图8-6中，我们可以非常清晰地看到，股债收益率比的数值与整体市场的走势有着非常明显的负相关关系。而且从A股历史看，数值达到1.2就是非常好的定投时机，不需要等到2。也就是说，当股债收益率比高于1.2时，就是我们之前说过的低位，就可以放心定投。

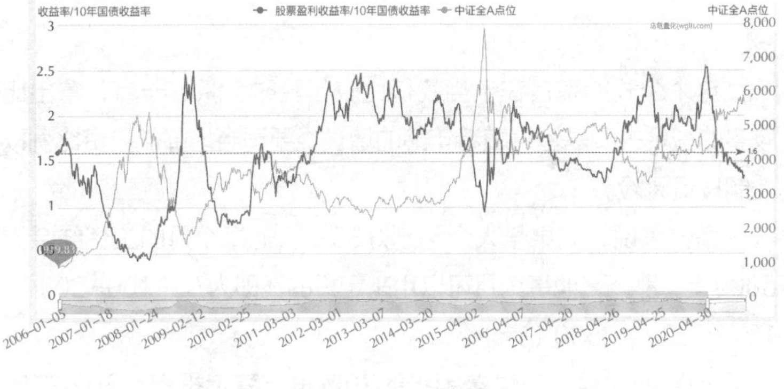

图8-6　股债收益率比与整体市场走势

巴菲特指标和格雷厄姆指数这两个指标有一定的专业性，有一定基础的投资者可参考使用。对于基金投资初学者，我建议还是以基础估值指标（市盈率和市盈率百分位）为主要判断依据来做基金定投。

另外，从基金投资者年龄上来说，定投越早开始越好，这样时间的积累效果会更明显。

8.5 定投多少钱合适

（1）基金定投的年龄投资公式

年龄投资公式：用100减去你目前的年龄，得出的结果乘以一个百分点，再乘以你每个月的工资结余，就是你应该投资的钱。

定投的金额=（100-现在的年龄）×1% ×每个月的工资结余

这个公式的宗旨在于当我们比较年轻时，激进一点，拿出比较多的资金去买基金，随着年龄的增长，要适当地降低投资比例以控制投资风险。

举例来说，如果某人今年刚好30岁，他每个月的工资结余为5000元，那么，他每个月可以用来定投的钱即为：（100-30）×1%×5000=3500（元）。

30岁的时候，可以拿闲钱的70%进行基金投资；60岁的时候，就只能拿闲钱的40%进行基金投资了。

（2）以预期收益为目标来决定定投多少钱

假如你每个月的预期收益是1000元，以收益率6%来计算，定投时间是1年的话，则需要20万元本金，而如果将定投的时间拉长到2年，则每年需要投资10万元，折算到每个月，则每个月需要投资8000元左右。

当然，这种方法并不适合普通人，毕竟对于普通人来说，10万元的本金还是一笔不小的资金。不过这种带有比较确定目标的定投在实际的基金投资中往往能够更好地执行。

（3）以手上有多少本金来决定定投多少钱

如果手上有一定金额的本金，那么，我们可以根据本金的多少来决定定投多少钱。比如，手中有20万元本金，可以先投资30%，即6万元，来建底仓。底仓的作用，是让我们在熊市时积累一定的本金，牛市上涨时则能带来不错的收益。

剩下的14万元，可以规划分2年定投完，将其平分到24个月中，每个月投资5833元即可。如此，即便短时间内有亏损，通过后期不断地定投分摊成本，最终也会盈利。

8.6 什么基金适合定投

一般来说，能定投的基金要遵循三大原则：

（1）业绩长期向上

很多人一打开理财App，就直奔收益排行榜去了，这是大忌。就好像你买衣服直奔着价格去，但贵的往往并不一定适合自己。同样，收益高的基金也不一定是最好的。建议大家看基金的长期业绩走势。可以直接将基金净值走势周期拉长到“3年”“5年”或“成立以来”。

比如图8-7中的这只定投型股票基金，2020年的业绩长期向上，符合我们选择定投基金的第一个原则。

图8-7 基金净值在1年时间内稳步上涨，涨幅达到58.06%

（2）有一定的业绩波动

这里的波动指的是短期的小回撤、小波动。有了一定的波动，基金定投才能发挥作用，达到平滑波动的效果，获得收益。

比如图8-8中的这只定投型股票基金，3年以来的业绩长期向上且有一定的业绩波动，符合我们选择定投基金的第二个原则。

图8-8　基金净值在3年时间内有几次回撤，但总收益仍在200%以上

这也是为什么货币基金或债券型基金不适合做定投的原因，波动比较小、收益很平滑的基金一次性投会更好一些。

（3）能分散风险

能分散风险的基金主要指投资范围比较广，投资股票比较多的基金，比如宽基指数基金。之前说过的行业基金和主题基金投资范围很明确，相对应的风险就不够分散，一荣俱荣，一损俱损。

新手刚开始做定投，可以投资宽基指数基金。因为宽基指数基金投资范围比较大，能够很好地分散风险。

8.7 定投一只基金（实操案例）

我们以支付宝为例，来实操讲解定投一只基金的全过程。

第一步：在支付宝打开“基金”一栏，我们可以看到“基金排行”“新发基金”“金选好基”和“省心定投”等项（见图8-9）。

在这里，你可以根据自己的风险偏好选择你想投资的基金品种。

图8-9　支付宝的“基金”一栏页面

第二步：可以点击“基金排行”或“金选好基”，打开相应的页面，挑选你看好的基金。也可以通过右上角的搜索按钮，输入你想要的基金代码或名称来锁定你要投资的基金（见图8-10）。比如，我们要申购“005918天弘沪深300ETF联接C”这只基金，就可以在搜索栏中输入“沪深300”，然后选定005918这只基金（见图8-11）。

图8-10　搜索你要投资的基金

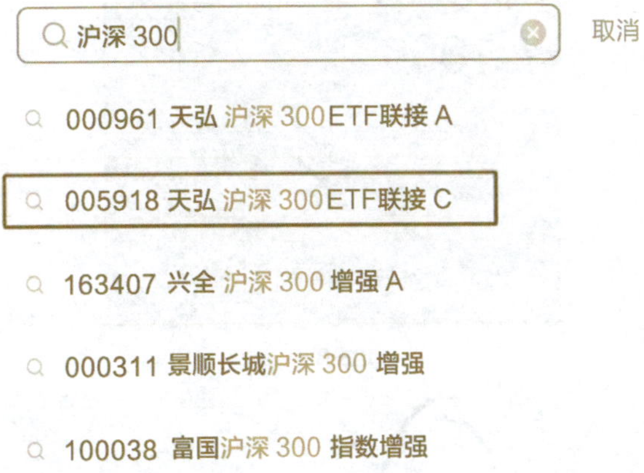

图8-11 在搜索栏中输入要搜索的基金的关键词，找到你要申购的基金

第三步：在该只基金的定投界面，填写定投周期、定投金额，然后选定“智能定投”，点击“确定”，就完成该只基金的定投了（见图8-12、图8-13）。

这里需要注意的是，定投的金额是从10元起步、必须为10的整数倍。定投周期分为每日、每周、每两周和每月四个周期，新手小白可以以月现金流的结余来做月定投。勾选智能定投（采用均线策略或估值策略）的重要性在于：可以做到低位多买和高位少买，降低成本，提高成功率。

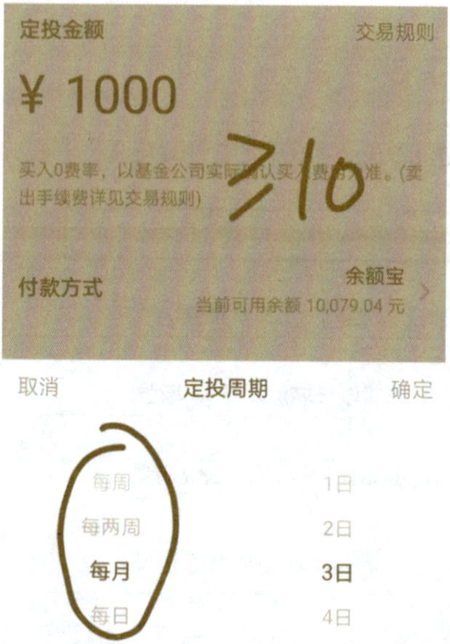

图8-12 选择定投周期

图8-13 选择定投金额

小知识

支付宝的“目标投”

支付宝的“目标投”，指的是按照约定的扣款周期和扣款日期买入指定的基金，这一点与普通定投相当。

不同的是，大家可以自行设置收益率，比如设置10%的收益率，当系统预判可以达成时，会自动帮你卖出。

目前与“目标投”合作的有6只基金。选择时，根据收益率，系统会自动预判告知，该只基金大约投资多久后会达到目标，可以根据时间长短自行购买。

兴哥小灶

很多人完全按估值来做定投，但是，这种做法也是有局限性的，特别是对于行业基金，低估买入、高估卖出的策略可能并不那么有效。

比如，中证银行指数基金长期被低估。通过对近4年中证银行指数定投收益进行复盘发现，该基金定投1年亏8.55%，定投2年亏5.65%，定投3年亏5.18%，定投4年亏0.21%（见图8-14）。

定投4年都不赚钱，估计很多人都没有耐心再坚持下去了。

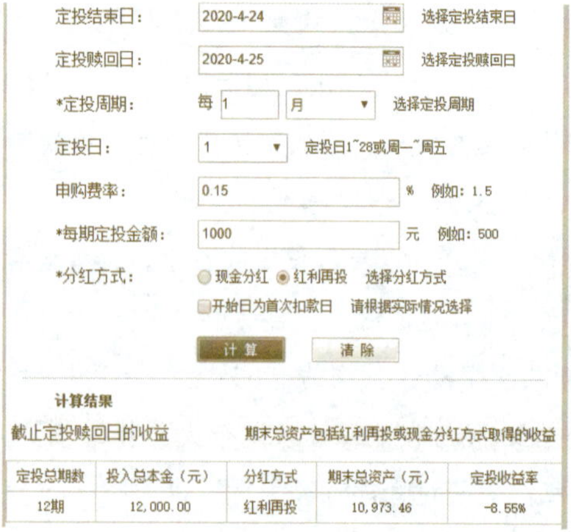

定投结束日： 2020-4-24 选择定投结束日

定投赎回日： 2020-4-25 选择定投赎回日

*定投周期： 每 1 月 选择定投周期

定投日： 1 定投日1~28或周一~周五

申购费率： 0.15 % 例如：1.5

*每期定投金额： 1000 元 例如：500

*分红方式： 现金分红 红利再投 选择分红方式

开始日为首次扣款日 请根据实际情况选择

计算 清除

计算结果

截止定投赎回日的收益 期末总资产包括红利再投或现金分红方式取得的收益

定投总期数	投入总本金（元）	分红方式	期末总资产（元）	定投收益率
12期	12,000.00	红利再投	10,973.46	-8.55%

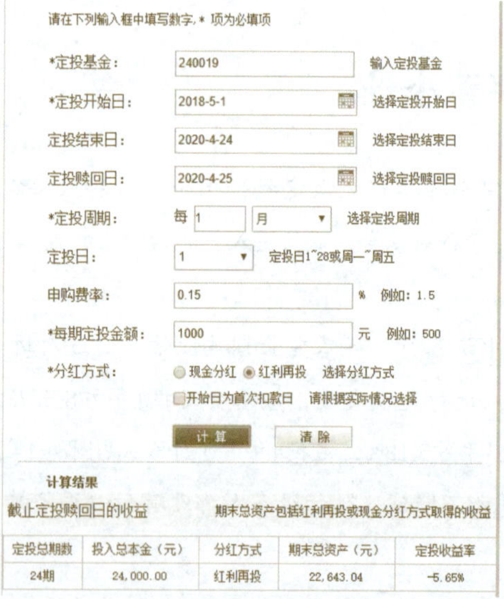

请在下列输入框中填写数字，* 项为必填项

*定投基金： 240019 输入定投基金

*定投开始日： 2018-5-1 选择定投开始日

定投结束日： 2020-4-24 选择定投结束日

定投赎回日： 2020-4-25 选择定投赎回日

*定投周期： 每 1 月 选择定投周期

定投日： 1 定投日1~28或周一~周五

申购费率： 0.15 % 例如：1.5

*每期定投金额： 1000 元 例如：500

*分红方式： 现金分红 红利再投 选择分红方式

开始日为首次扣款日 请根据实际情况选择

计算 清除

计算结果

截止定投赎回日的收益 期末总资产包括红利再投或现金分红方式取得的收益

定投总期数	投入总本金（元）	分红方式	期末总资产（元）	定投收益率
24期	24,000.00	红利再投	22,643.04	-5.65%

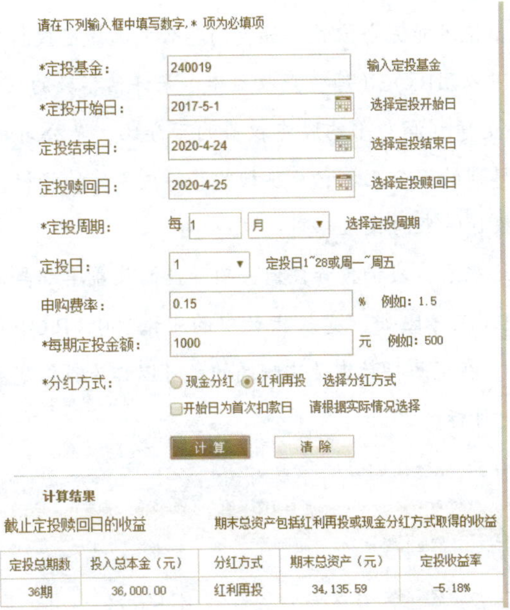

请在下列输入框中填写数字，* 项为必填项

*定投基金：240019　输入定投基金

*定投开始日：2017-5-1　选择定投开始日

定投结束日：2020-4-24　选择定投结束日

定投赎回日：2020-4-25　选择定投赎回日

*定投周期：每 1 月　选择定投周期

定投日：1　定投日1~28或周一~周五

申购费率：0.15 %　例如：1.5

*每期定投金额：1000 元　例如：500

*分红方式：现金分红　红利再投　选择分红方式

开始日为首次扣款日　请根据实际情况选择

计 算　清 除

计算结果

截止定投赎回日的收益　期末总资产包括红利再投或现金分红方式取得的收益

定投总期数	投入总本金（元）	分红方式	期末总资产（元）	定投收益率
36期	36,000.00	红利再投	34,135.59	-5.18%

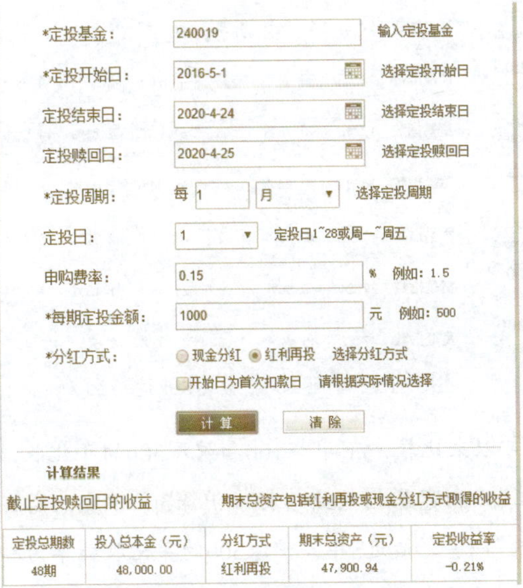

*定投基金：240019　输入定投基金

*定投开始日：2016-5-1　选择定投开始日

定投结束日：2020-4-24　选择定投结束日

定投赎回日：2020-4-25　选择定投赎回日

*定投周期：每 1 月　选择定投周期

定投日：1　定投日1~28或周一~周五

申购费率：0.15 %　例如：1.5

*每期定投金额：1000 元　例如：500

*分红方式：现金分红　红利再投　选择分红方式

开始日为首次扣款日　请根据实际情况选择

计 算　清 除

计算结果

截止定投赎回日的收益　期末总资产包括红利再投或现金分红方式取得的收益

定投总期数	投入总本金（元）	分红方式	期末总资产（元）	定投收益率
48期	48,000.00	红利再投	47,900.94	-0.21%

图8-14　中证银行指数定投1~4年的亏损情况

既然估值不能完全依赖，那我们怎么来选择定投的基金呢？

我们可以用ROE（净资产收益率）来评估指数的收益率。

ROE是净利润与平均股东权益的百分比，是公司税后利润除以净资产得到的百分比。它是股神巴菲特最看重的指标，指标值越高，说明投资带来的收益越高。

从长远来看，我们投资任何一项资产的收益率都会无限趋近于该资产的ROE。比如，宽基指数中的中证100，ROE是11%（见图8-15），在宽基指数中是比较高的，可以作为我们宽基指数基金定投的首选目标。

指数排行 更新于2020.11.26

指数名称	指数类型	PE	PE百分位	PB	PB百分位	股息率	ROE	预测PEG
香港大盘 HSFML25	宽基指数	11.12	88.40%	1.18	44.20%	2.32%	10.60%	1.27
上证50 SH000016	宽基指数	11.97	88.00%	1.27	49.52%	2.84%	10.59%	5.43
国企指数 HKHSCEI	宽基指数	12.21	92.96%	1.22	66.24%	1.85%	10.01%	2.12
上证180 SH000010	宽基指数	12.83	87.48%	1.33	44.96%	2.50%	10.39%	3.26
中证100 SH000903	宽基指数	13.46	90.28%	1.48	61.96%	2.51%	11.00%	3.07
恒生指数 HKHSI	宽基指数	14.83	99.88%	1.24	45.04%	2.04%	8.33%	2.04
沪深300 SH000300	宽基指数	15.12	90.12%	1.62	61.04%	2.09%	10.71%	2.09
中证500 SH000905	宽基指数	29.24	40.36%	2.09	21.56%	1.18%	7.14%	1.13
中证1000 SH000852	宽基指数	47.72	45.71%	2.60	35.32%	0.84%	5.45%	1.12

图8-15 中证100指数的ROE达到11%

我们可以来比较一下中证100和沪深300的年化收益率。最近3年，中证100和宽基指数业绩标准沪深300相比，高1.2%（见图8-16、图8-17）。最近5年，沪深300的年化收益率为-4.36%，中证100的年化收益率为-1.7%，由于是从2015年的高点算起，所以最近5年的收益都是亏的，但中证100亏损的幅度还是小一些。

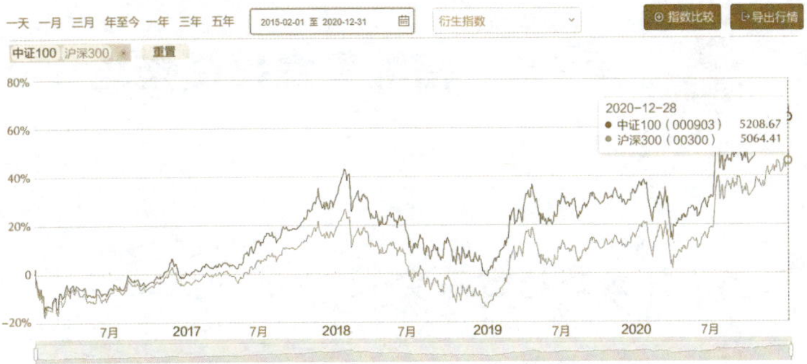

数据来源：中证指数有限公司。

图8-16　沪深300最近3年收益

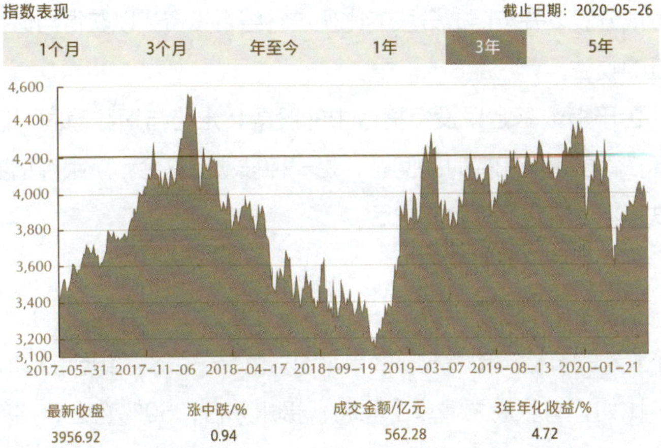

数据来源：中证指数有限公司。

图8-17　中证100最近3年收益

因此，新手投资者开始定投宽基指数基金，如果周期不长的话，沪深300、上证50、中证100都可以；如果要长期投，建议选择中证100。

第9章 指数基金投资技巧

9.1 什么是指数基金

（1）指数基金的含义

指数基金，是指跟踪指数的基金，其跟踪某个指数的全部或部分成分股，并按照成分股的比例进行组合投资，以获得与该指数相近的收益。

由于指数基金只投资指数中的股票，走势与指数趋同，因此不存在太多选股和择时的问题，是一种被动型基金，所跟踪指数的涨跌基本上决定了基金的盈亏。

那么，什么是指数呢？

指数，是根据样本股票的价格统计出来的一组数据，反映一篮子股票的价格波动情况，简单来说，就是一张股票组合的清单。

比如，有张股票清单上写着：贵州茅台，50%仓位；招商银行，30%仓位；格力电器，20%仓位。指数只写这个清单，不会真的跑去按这张清单买股票。我们也可以把这个清单理解成是一张购物清单。你只是把这些东西放在了购物车里，并没有下单。这就是指数，它只是一张清单，里面包含了一些股票而已。

指数基金，则是基金公司用你给它的钱，按照清单上的比例去买股票。同一张清单，很多公司都可以帮你去把上面的股票买回来。所以，同一个指数，会有很多基金公司推出跟踪它的指数基金产品。

（2）指数基金的特点

跟其他类型的基金相比，指数基金的优势主要体现在被动投资、费率低、分散和防范风险、运作和业绩透明、选基简单五个方面。

A．被动投资。

指数基金跟踪指数进行投资，相比主动管理型基金，指数基金在操作和管理上主动性参与较少，不用过于担心基金经理变更造成的业绩影响；另外，指数基金一般只有当指数成分股发生变动时，才做出相应调整，这种被动性大大避免了人性的贪婪、恐惧所造成的“追涨杀跌”，有利于长期持有和获取收益。

B．费率低。

作为一种被动型投资方式，指数基金的投资策略主要是盯住某个指数，不需要大量研究员精选投资标的，也很少需要进行调仓、换股等操作，主动操作较少，因此指数基金的管理费率一般低于主动管理型基金，大大降低了投资成本。据统计，被动指数型基金管理费用平均为0.7%，而普通股票型基金的管理费用一般为1.5%，两者差距有时达到1%～3%。虽然比例相差不是很大，但在长期复利效应的影响下，会对基金收益产生巨大的影响。

C．分散和防范风险。

指数基金跟踪指数投资一篮子股票，投资标的分散，能够有效地分散个股波动带来的风险，保持收益的平稳。另外，指数基金跟踪的指数会定期调整成分股，剔除有问题的公司，即使指数下跌，也一定是有限度的。此外，标的指数一般都有较长的历史可以追踪，因此指数基金的风险在一定程度上是可以预测的。

D．运作和业绩透明。

指数基金不需要基金经理太多的操作和监控，只需要盯住标的指数，而投资人看到指数基金跟踪的指数的涨跌幅就能大致判断指数基金的涨跌幅了。和主动型基金相比较，业绩比较透明。

E．选基简单。

对于投资者而言，如果要挑选合适的主动管理型基金，一般要考虑基金经理的投资风格、择时、选股的能力、历史业绩排名，要考察基金的投资目标，考察基金背后基金公司的实力、研究团队的研究能力等。

指数基金在挑选时不需要考虑太多要素，只需要考察：指数基金跟踪的指数是什么、指数基金费率多少、跟踪误差和信息比率如何、指数基金规模和成立时间、基金公司实力怎样，这些指标简单易懂，也很好查询，因此，选择指数基金的过程要简单得多。

9.2 指数基金的分类

指数基金的分类方式有很多，我们重点介绍三种。

（1）按复制方式分类

根据指数基金投资策略上是否完全复制指数成分股，可以把指数基金分为被动型指数基金和增强型指数基金。

被动型指数基金，完全按照指数的成分股及权重进行投资，力求最大限度地减小跟踪误差，获取与指数相同的收益。比如华夏沪深300ETF，该基金的收益曲线与跟踪指数的走势曲线几乎一致，偏离度很小。

我们可以根据跟踪误差来判断一只被动型指数基金是否值得投资。跟踪误差，即指数基金净收益率与所跟踪指数的收益率之间差值的标准差，也称为“拟合度”。跟踪误差越小，拟合度越高，代表该基金越好；反之，跟踪误差越大，则代表该基金蕴含的风险越大。

增强型指数基金，是跟踪指数时并不完全复制指数成分股和权重，而是在指数的基础上有所调整，加入了积极投资的成分。这类指数基金的目标是在指数收益的基础上获取更高的收益，但是在提高预期收益的同时，加入主动投资成分也意味着风险和成本有所提升。比如富国沪深300指数增强A（100038.OF），这只基金以沪深300为跟踪标的，它的投资目标是通过量化方法进行积极的投资组合管理和风险控制，力争实现超越标的指数的投资收益，谋求基金资产的长期增值。

表9-1列举了富国沪深300指数增强A2021年年报显示的全部持股中前20只股票以及沪深300指数当时成分股的前20只股票的对比，可以发现不再是一一对应的关系，比例差异较大。

表9-1　富国沪深300指数增强A与沪深300指数持股对比

富国沪深300指数增强A			沪深300指数		
代码	简称	占基金净值比/%	代码	简称	权重/%
601318	中国平安	6.16	601318	中国平安	6.46
600519	贵州茅台	3.57	600519	贵州茅台	2.99
000651	格力电器	2.79	600036	招商银行	2.55
601328	交通银行	2.77	000333	美的集团	2.15
601288	农业银行	2.61	601166	兴业银行	1.81
600887	伊利股份	2.58	000651	格力电器	1.79
601166	兴业银行	2.55	600016	民生银行	1.69
600000	浦发银行	2.06	600887	伊利股份	1.67
601988	中国银行	2.02	601328	交通银行	1.45
600104	上汽集团	1.87	000858	五粮液	1.29
000858	五粮液	1.86	000002	万科A	1.29
601818	光大银行	1.84	600000	浦发银行	1.26
600015	华夏银行	1.78	601288	农业银行	1.25
601211	国泰君安	1.75	002415	海康威视	1.23
000725	京东方A	1.69	600030	中信证券	1.21
600585	海螺水泥	1.57	000725	京东方A	1.17
601628	中国人寿	1.51	601668	中国建筑	1.15
601006	大秦铁路	1.51	601398	工商银行	1.14

我们从图9-1的业绩回报对比还可以看到，富国沪深300指数增强A的业绩回报与沪深300指数是大致相同的，而且基金回报能实现超越指数回报的目标。

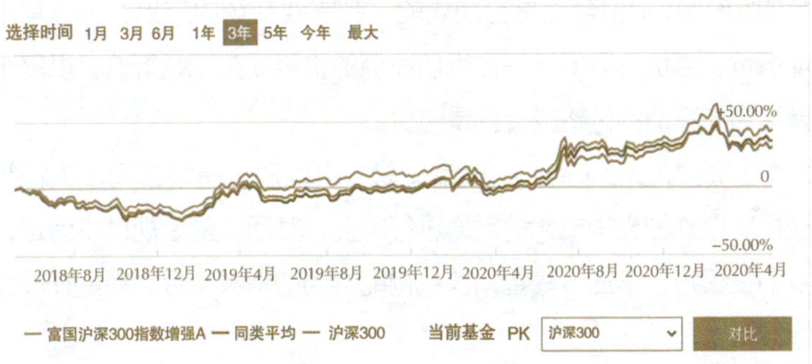

图9-1　富国沪深300指数增强A近3年业绩回报

如果是新手投资者，建议先选择投资简单直接的被动型指数基金。在牛市行情下，第一要务是跟上指数，获得市场整体的上涨收益。有了一定的市场经验后，再去投资增强型指数基金。

（2）按交易机制分类

按指数基金的交易机制，指数基金可分为封闭式指数基金、开放式指数基金、ETF、LOF。

封闭式指数基金，一般有固定的投资期限，封闭期内不得申购、赎回，因而基金规模固定不变，避免受部分投资者频繁买卖的影响。但是，基金份额可以在依法设立的证券交易所交易（需在证券公司开立证券账户），按照市场供求决定的价格买卖。

在封闭期内，封闭式指数基金一般都有折价，比如净值是1元的封闭式基金，在场内购买0.8元就能买到，但随着封闭期临近结束，这种折价会逐步缩小甚至消失。目前，封闭式指数基金已经很少见了，比如大成基金公司在1999年底发行的基金景福就是封闭式指数基金，跟踪的是上证综合指数，封闭期15年。指数分级基金的A份额、B份额也是封闭式的，都需要在场内交易，且经常出现折价、溢价。以低于基金当前净值的价格成交就是折价，以高于基金当前净值的价格成交就是溢价。

开放式指数基金，不上市交易，可以通过基金公司、银行等交易所以外的直销或代销渠道进行申购、赎回，基金规模不固定。我们在银行、第三方基金销售机构能买到的指数基金，都是开放式指数基金。

ETF（Exchange Traded Fund），交易型开放式指数基金，又称交易所交易基金，是在交易所上市交易的开放式基金，集合了封闭式基金和开放式基金的优点。ETF的一大特点是，不像其他基金一样全额申购、份额赎回。ETF采取“份额申购，份额赎回”，即购买ETF时需要拿该ETF指定的一篮子股票换取份额，赎回时得到的也是相应的股票，如果想变现，需要再卖出这些股票。

另外，与ETF紧密相关的还有一种ETF联接基金，它是投资于ETF的基金，简称“目标ETF”，这类基金的绝大多数资产投资于跟踪同样标的指数的ETF基金，比如华夏沪深300ETF联接基金投资的标的，就是华夏沪深300ETF，这种基金采用开放式运作方式，不能在场内进行交易，只能在场外进行申购和赎回。

LOF（Listed Open-Ended Fund），上市型开放式基金，本质上是开放式基金，可以在交易所交易，也可以通过交易所以外的渠道进行申购、赎回，申赎都是以基金份额和现金进行，基金规模不固定。LOF的这一特点，也往往容易产生套利机会。

（3）按交易场所分类

按照交易场所，指数基金可以分为场内指数基金和场外指数基金。

场内指数基金，即只能在证券交易所进行交易的指数基金，包括封闭式指数基金、ETF。

场外指数基金，可以在证券交易所以外的市场进行交易的指数基金，包括开放式指数基金、ETF联接、LOF（也可以在场内交易）。

在实际投资中，新手投资者以投资ETF的联接基金为主比较好，也就是投场外基金，这样可以避免场内即时行情波动的干扰，有利于长期持有。

9.3 指数基金的选基逻辑

选择要投资的指数基金，可以遵循两个基本原则：一是费用低，二是跟踪误差小。

基金费用包括运作费用和交易费用。运作费用是一种隐性的费用，在基金每日公告的净值中已经扣除，买卖基金是无法直观地看到这笔费用的。交易费用主要包括申购费、赎回费和销售服务费。我们可以在天天基金网同类指数基金下面比较申购费率和赎回费率，选择费率低的（见图9-2、图9-3）。

运作费用

管理费率	0.50%(每年)	托管费率	0.10%(每年)	销售服务率	…

注：管理费和托管费从基金资产中每日计提。每个工作日公千的基金净值已扣除管理费和托管费，无需投资者在每笔交易中另行支付。

购买费率

购买金额＜50万元	~~1.20%~~ 0.12%
50万元≤购买金额＜250万元	~~0.80%~~ 0.08%
250万元≤购买金额＜500万元	~~0.40%~~ 0.04%
购买金额≥500万元	1000元/笔

图9-2　天天基金网的基金购买费率

赎回费率

持有期限＜7 天	1.50%
7 天≤持有期限＜1 年	0.50%
1 年≤持有期限＜2 年	0.25%
持有期限≥2 年	0

图9-3　天天基金网的基金赎回费率

跟踪误差的差值为正，代表基金跑赢了指数；差值为负，代表基金没完全复制指数的收益。在实际操作中，我们要找出跟踪误差较小的基金进行投资。

如图9-4所示，招商中证白酒指数（LOF）A和它跟踪的中证白酒指数收益走势基本一致，这表明招商中证白酒就是一只跟踪误差比较小的基金。

图9-4　招商中证白酒指数（LOF）A和它跟踪的中证白酒指数收益走势比较

9.4 指数基金的投资策略

在前面的章节我们已经说过指数的估值，现在提供指数估值的地方越来越多，除了中证指数有限公司的官网外，支付宝、蛋卷、且慢、集思录等第三方基金平台，以及很多基金大V，每天都会发布估值数据，包括PE（市盈率）、PB（市净率）、股息率、所处的历史中位数等。

从指数的估值关系到指数基金的投资策略，低估买入、高估卖出是最简单的策略，目前，基金投资者除了用PE来查看指数的估值以外，盈利收益率也是一个常见的指标。

这里介绍一下格雷厄姆常用的指标——盈利收益率。

（1）什么是盈利收益率

盈利收益率是市盈率的倒数。市盈率=P/E，即市值除以盈利。盈利收益率=E/P，即盈利除以市值，也就是我们以当前的价格买入后所取得的收益率。

归根到底，收益率才是投资者最关心的，盈利收益率正是满足了投资者的这一需求。

一般来说，盈利收益率越高，代表公司的估值越低，公司越有可能被低估。

比如10倍市盈率，盈利收益率即10%，表示我们以当前的价格买入后所取得的收益率为10%。50倍市盈率，盈利收益率即为2%，表示我们以当前的价格买入后所取得的收益率为2%。100倍市盈率，盈利收益率即为1%，这个时候如果我们买入的话，收益率就只有1%了。

（2）如何运用盈利收益率

盈利收益率达到多少才值得我们买入呢？格雷厄姆认为有两个标准：第一个标准是盈利收益率要大于10%。格雷厄姆通过研究发现，历史上大多数国家的股市在熊市最低点时都能达到10倍的市盈率，也就是说，市盈率在10倍以下就代表整个市场已经处于低估值状态，此时买入，未来有很大的概率会上涨。第二个标准是盈利收益率超过国债收益率的2倍。国债收益率代表的是无风险收益，也就是说，当盈利收益率超过无风险收益率的2倍时可以买入。前面我们说过现在的国债收益率在3%左右上下浮动，那么在盈利收益率超过6%的时候就可以买入了。这两个标准只要满足其一即可投资。当然，每个人的风险承受能力不同，风险偏好不同，可以在这两个标准的基础上根据自身情况进行微调，但只要确定了，就不要随意修改。

盈利收益率达到多少可以卖出呢？答案是：盈利收益率低于债券收益率时。如果你投资的产品的收益率比几乎无风险的债券收益率还低，那么就没有投资的必要了，还不如买债券。

（3）盈利收益率的适用范围

从盈利收益率的定义，我们可以看出，这个方法仅适用于持续盈利且盈利稳定的指数。如果亏损，盈利收益率失效；如果盈利不稳定，那我们计算的盈利收益率就会很不准确，也没法使用。

从具体指数上来看，它仅适用于成熟期企业构成的指数。也就是说，指数的盈利非常稳定，是这个指标使用的大前提。

盈利收益率的运用，要针对盈利稳定的指数，当盈利收益率超过10%（或国债收益率的2倍）时定投买入，当低于无风险收益率时分批卖出，在两者之间时则持有不动。

在实际投资过程中，盈利收益率数值查找并不方便。但是，由于盈利收益率是市盈率的倒数，而市盈率在所有估值表中都有发布的核心数据，所以，我们可以用市盈率代替盈利收益率。

按格雷厄姆的标准，给大家做一个市盈率的量化参考：

指数基金的PE≤10，严重低估；

指数基金的10≤PE≤16，低估；

指数基金的16≤PE≤30，适中；

指数基金的30≤PE，高估。

另外，这一投资策略只适用于宽基指数和红利指数，并不适用于其他指数，大家在投资过程中，还需根据不同的指数类型区别对待。

9.5 列举几只好的指数

（1）沪深300指数

沪深300指数跟踪的是沪深两市市值最大的300只股票，能代表A股市场的表现，是当之无愧的市场业绩标准。

从过往表现来看，以2004年12月31日的1000点为基值，截至2019年4月30日收盘，沪深300指数达到了3913点（见图9-5）。

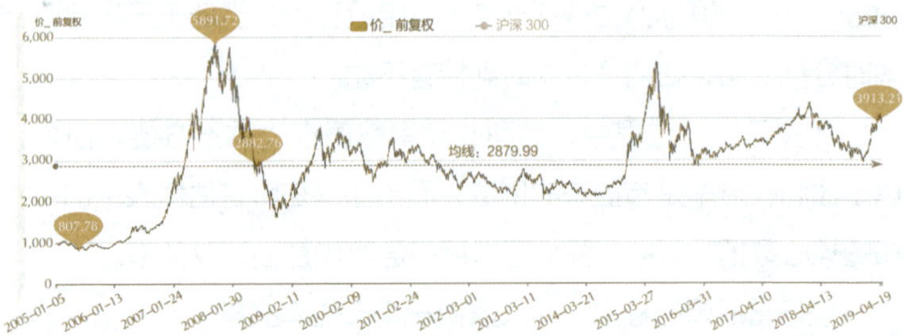

数据来源：乌龟量化。

图9-5　2005—2019年沪深300指数的市场表现

在过去的14年里，沪深300指数上涨了近4倍，平均年化收益率约为10%，而且，指数是不包括股票分红的。同时，按照过去14年的统计，沪深300的平均股息率达到了2.25%（见图9-6）。

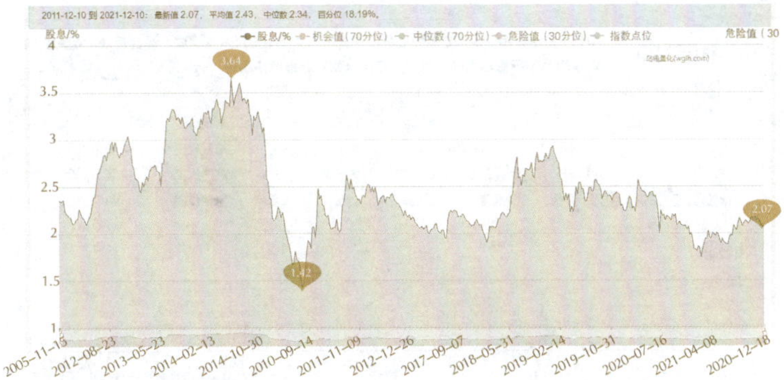

数据来源：乌龟量化。

图9-6　2005—2019年沪深300指数股息率

也就是说，算上现金股息再投资，如果在2005年初买了沪深300指数，无论市场涨跌，一直持有到现在，就可以获得约12%（10% + 2%）的年化收益率。

当然，指数不等于指数基金，指数是理论上的指标，而指数基金则会有运营费用、申购和赎回费用、应对申赎的仓位调整等摩擦成本，所以在实际的指数基金投资中，还要考虑至少1%的损耗。

另外，虽然把时间拉长了，可以有10%以上的收益，但在不同时间点买入的话，中短期的收益可能大幅高于10%，也可能大幅低于10%。

（2）中证100指数

中证100指数，由沪深300指数成分股中规模最大的100只股票组成，综合反映中国A股市场中最具市场影响力的一批超大市值公司的股票价格表现，被称为“核心蓝筹”（见图9-7）。

中证100 中证100指数由沪深300指数成分股中规模最大的100只股票组成，综合反映中国A股市场中最具市场影响力的一批超大市值公司的股票价格表现。

全称	中证100指数					指数代码	000903
发布日期	2006年5月29日	调样频率	每半年	样本股数	100	路透代码	.CSI100
基日	2005年12月30日	基值	1000	货币	人民币	彭博代码	SHCSI100

指数走势

收益率

1个月	3个月	年初至今	1年	3年年化	5年年化	2015	2016	2017	2018
-2.26%	0.01%	27.56%	20.96%	6.63%	9.59%	-1.52%	-7.50%	30.21%	-21.94%

波动率

1年年化	19.81%
3年年化	17.83%
5年年化	24.37%

基本面

滚动市盈率	10.98
市净率	1.27
股息率	2.95%

数据来源：中证指数有限公司。

图9-7　中证100指数近5年的业绩表现

相比于上证50只包含单一的在上交所上市的公司，中证100成分股来自A股市场，集中了A股市场中最大的100家公司，颇具优势。

和沪深300指数（见图9-8）相比，在市值、前十持仓、行业分布、盈利能力、长期收益等方面，中证100指数都占有优势。

沪深300　沪深300指数由上海和深圳证券市场中市值大、流动性好的300只股票组成，综合反映中国A股市场上市股票价格的整体表现。

全称	沪深300指数					指数代码	000300
发布日期	2005年4月8日	调样频率	每半年	样本股数	300	路透代码	.CSI300
基日	2004年12月31日	基值	1000	货币	人民币	彭博代码	SHSZ300/SHSN300

指数走势

收益率

1个月	3个月	年初至今	1年	3年年化	5年年化	2015	2016	2017	2018
-1.49%	0.77%	27.17%	20.68%	2.67%	6.39%	5.58%	-11.28%	21.78%	-25.31%

数据来源：中证指数有限公司。

图9-8　沪深300指数近5年的业绩表现

（3）中证消费50指数

消费分为主要消费和可选消费，主要消费面向刚需的基础性需求，可选消费面向非物质的消费升级需求（见图9-9）。

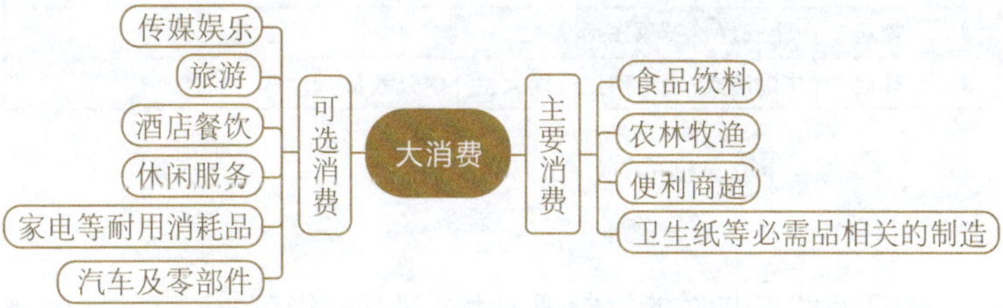

图9-9　可选消费和主要消费具体细分

主要消费指数，主要是规模大、业绩稳定、品牌溢价高的大盘股，在业绩支撑下往往会螺旋上升，防守性好，是价值投资的必选。

可选消费指数，头部的成分股也是大公司，但分布范围非常广，中小盘股居多，长尾效应明显，整体表现更偏成长性和进攻性。

中证消费50指数由沪深两市可选消费与主要消费（剔除汽车与汽车零部件、传媒子行业）中规模大、经营质量好的50只龙头公司股票组成，以反映沪深两市消费行业内50家龙头公司股票的整体表现，为指数化产品提供新的标的（见表9-2）。

表9-2 中证消费50指数的结构

数量	细分行业	中证CS消费50成分股细分行业分布（2019-12-04）						
4	白酒	贵州茅台	五粮液	泸州老窖	洋河股份			
7	食品	伊利股份	双汇发展	桃李面包	海天味业	中炬高新	安琪酵母	汤臣倍健
6	家电	格力电器	美的集团	海尔智家	老板电器	华帝股份	苏泊尔	
5	家居	欧派家居	尚品宅配	顾家家居	索菲亚	欧普照明		
7	零售	中国国旅	苏宁易购	豫园股份	重庆百货	跨境通	茂业商业	天虹股份
4	养殖饲料	温氏股份	圣农发展	通威股份	海大集团			
2	酒店	首旅酒店	锦江酒店					
2	农业	隆平高科	北大荒					
7	服饰	森马服饰	雅戈尔	海澜之家	九牧王	太平鸟	地素时尚	歌力思
2	家纺	富安娜	罗莱生活					
4	其他	中顺洁柔	上海家化	周大生	中公教育			

数据来源：中证指数有限公司。

中证消费50指数的编制规则为：挑选一级可选消费与主要消

费行业（剔除汽车、汽车零部件、传媒二级行业）的股票纳入待选样本；对样本股按照过去一年日均总市值、营业收入、ROE与毛利率四个指标排名，将四个指标排名的算数平均数作为股票的综合排名；按照中证三级行业分类标准，进一步把待选股划分到中证三级消费子行业，在各三级消费子行业内，根据综合排名选取靠前的股票（若综合排名相同，选取总市值大的股票）作为最终的50只成分股。

科学的筛选和合理的行业分布，能为指数今后的增长留下空间。

中证消费50指数目前看起来估值略高，但随着外资机构占比扩大、价值投资的普及，这种确定性高、增长稳定行业的估值中枢应在提高，不能简单地用过去的估值百分位做投资判断。

9.6 指数基金实操案例

这里就支付宝的“目标投和蛋卷基金的一箩筐”具体说一说怎样投资指数基金。

（1）支付宝的“目标投”

2018年底，支付宝推出了“目标投”，当时可选的基金只有一只——天弘沪深300ETF指数，如今“目标投”可支持的基金一共有6只（见图9-10），这6只基金都是指数基金。

图9-10 支付宝的“目标投”可支持的6只基金都是指数基金

支付宝的指数基金购买流程如下：

第一步：在支付宝搜索“目标投”，根据提示进入购买界面。

第二步：根据自己的目标选择一个收益率，比如10%，然后在定投的品种中选一只基金，点击进入该基金的购买页面（见图9-11）。

图9-11　根据自己的目标选择收益率

第三步：根据提示设置好每期投入的金额、频率等（见图9-12）。

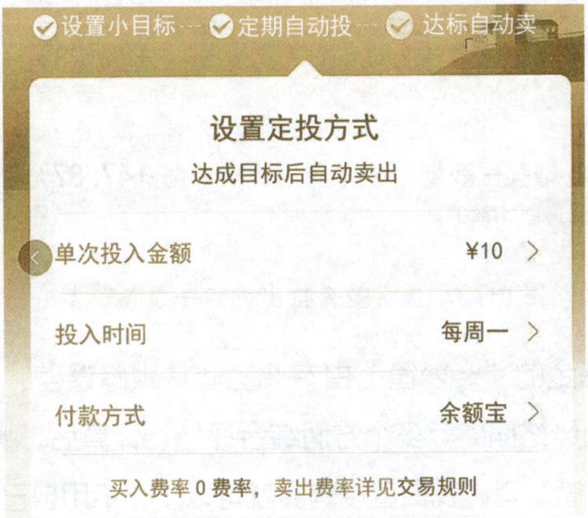

图9-12　根据提示设置每期投入的金额、频率等

“目标投”的本质是基金定投。两者的不同在于：“目标投”在触达目标预期收益率以后系统会自动进行卖出的操作，而基金定投系统则不会自动卖出（不过现在各类基金平台也推出了智能定投，也支持系统卖出的）。

由于“目标投”是支付宝上的特色功能，所以它支持余额宝扣款。也就是在没有到自动扣款日期时，钱放在余额宝上还可以享受货币基金的收益，而到了扣款日期系统就自动帮你划转了。在达到目标收益时，系统自动卖出的钱也是回到余额宝继续享受收益。

（2）蛋卷基金的“一箩筐”

目前，蛋卷基金推出的“一箩筐”，包括300增强一箩筐和500增强一箩筐，都是增强型指数基金。

在蛋卷基金App上搜索“箩筐”就可以找到它们了（见图9-13）。

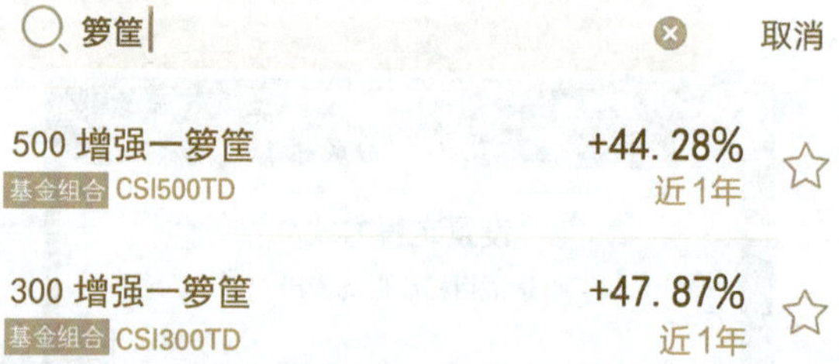

图9-13　蛋卷基金推出的“一箩筐”基金

蛋卷基金的“一箩筐”由专业团队从跟踪误差、超额收益、信息比率和风格偏离等多个方面综合评估、计算后，挑选出5只基金放到“箩筐”里。我们直接购买就可以了，不用自己去挑选。

“一箩筐”的基金可以一次性投入，也可以定投。首次购买最低金额是1000元，最低定投金额是500元。“一箩筐”不支持系统自动卖出，如果想终止投资，需要手动卖出。

兴哥小灶

从长期收益来看，“优质的股票 > 优质的行业指数 > 沪深300指数 > 所有上市公司 >国家GDP的增速”。按这个逻辑，新手投资者做基金投资从沪深300开始再到优质的行业指数，是一条不错的上升之路。

这里详细归纳一下各类指数。

（1）宽基指数

新手或工薪族做投资以稳健为主，宽基指数是必选的。

下面列举几只好的宽基指数：

A.上证50，大型头部公司，确定性很高

B.沪深300，行业标杆，新手必投，网红必推

C.中证500，中小盘的代表，和沪深300是标配

D.中小板（深圳中小板）

E.创业板，近几年收益最高的宽基指数

F.中证100，兴哥首推的宽基指数

（2）行业指数

全面列举，不过，兴哥看好的还是消费、医药和科技行业指数。

A.大金融类

a.综合类

510230（金融ETF 跟踪180金融 国泰）

512070（非银ETF券商保险多 易方达）

b.银行类

512800（跟踪中证银行指数 华宝 ）

c.券商类

512000（中证全指证券 华宝）

512880（中证全指证券 国泰）

159993（龙头券商 跟踪证券龙头指数）

d.地产类

512200（跟踪中证全指房地产 南方）

165525（基建工程指数LOF 纯建筑工程）

B.大科技类

a.信息技术类

512330（中证500信息 南方）159939（全指信息 广发）

b.通信类

515050（5G通信 华夏）515880（通信设备 国泰）

c.人工智能

515070（CS人工智能 华夏）

d.计算机

512720（CS计算机 国泰）

e.半导体

512760（半导体50 国泰）512480（全指半导体 国联安）

f.科技

515750（科技50 中证科技 富国）

515860（新兴科技100 嘉实）

515000（科技龙头 华宝）

g.芯片

159995（国证芯片 华夏 规模最大）

C.大消费类

a.医药

512010（300医药 易方达 ）

512300（500医药 南方）

1599992（创新药CS创新药 银华）

512290（生物医药CS生物医药 国泰）

512170（中证医疗 华宝 ）

159929（中证医药 汇添富 ）

159938（全指医药 广发）

b.新能源汽车

515030（CS新能车 华夏）

515700（新能车 平安）

c.食品饮料 长期绩优

512690（酒ETF中证酒 鹏华）

d.综合类

515650（CS消费50 富国）

159928（中证消费 汇添富）

D. 其他

a.传媒

512980（传媒ETF中证传媒 广发）

b.军工

512660（军工ETF中证军工 国泰）

512670（国防ETF中证国防 鹏华）

512710（军工龙头 富国）

c.环保

512580（环保ETF中证环保 广发）

d.有色

512400 （有色ETF有色金属 南方）

e.钢铁

515210 (钢铁ETF中证钢铁 国泰)

f.煤炭

515220 （煤炭ETF 中证煤炭 国泰）

（3）海外指数

美股指数是关注比较多的。

A.H股ETF

510900 易方达

B.恒生ETF

159920 华夏

C.标普500

161125 易方达

513500 博时

D.纳斯达克100

159941 广发

513100 国泰

E.中概互联50

513050 易方达

513520 华夏

F.日经225

513000 易方达

G.德国30

513030 华安

H.法国40

513080 华安

(4) 其他指数

红利指数也是现在推得比较火的，比较稳健，适合长期投资。

A.红利类ETF

159905（深证红利指数）

510880（红利ETF上证红利）

515180（100红利 中证红利指数）

创业板相关的指数。

B.风格类ETF

创蓝筹ETF 159966

创成长ETF 159967

央企改革ETF512950

500低波ETF 512260

A股国际通 MSCIA股

512990 MSCI易基 512090

创新ETF 159987

基本面50ETF 512750

以上四类基本覆盖了目前全部的指数基金，建议大家综合投资，不要重复配置。

第10章 货币基金和债券型基金

10.1 什么是货币基金

货币基金的全称是货币市场基金，是指投资于货币市场上短期有价证券的一种投资基金。货币基金主要投资于货币市场上安全性非常高的短期（一年以内，平均期限120天）货币工具，如国库券、商业票据、银行定期存单、银行承兑汇票、政府短期债券、企业债券等。

简单点来说，货币基金就是我们的现金工具，是可以当成现金看待的一种基金，现金是随时可以用的，除非你的钱包丢了，不然你的现金是不会损失的。这是从安全性和灵活性来说，货币基金和现金相比，还能有些收益。现金放在家里，只会贬值，是没有收益的。下面说一下货币基金的优点。

货币基金有以下五个优点：

（1）安全性高

这是刚刚说过的，由于货币基金的投资对象相对于其他类型的基金是比较安全的，这就决定了其在各类基金中风险是最低的，本金的安全有了充分的保障。在我国货币基金的历史上，货币基金只有一天出现过亏损，随后第二天就挽回了亏损。

（2）门槛低

货币基金的投资门槛和成本比较低，并且货币基金交易一般不收取手续费，现在各种“宝宝类”的货币基金（余额宝等）1元起就可以投，完全没有门槛。

（3）资金流动强

就是上面说的灵活性，货币基金买卖方便，可随时申购、赎回，且不收取任何手续费，提出赎回申请后一般在2天内款项就可以到账，流动性很高。各种“宝宝类”的货币基金都可以在手机App上操作，基本可以实现实时到账。

（4）收益率较高

这是相对于活期存款的收益来说的，大多数货币基金具有国债投资的收益水平。由于货币基金的投资对象主要是一些期限较短、流动性较高的货币市场工具，并且不断地进行滚动投资，因此货币基金的收益总是能迅速跟上利率的最新变化，能够获得超过同一时期定期储蓄存款的收益率。

（5）零“费”又免税

货币基金无须缴纳手续费——认购费、申购费和赎回费，而且分红免收所得税。

10.2 货币基金的分类

货币基金分为场内货币基金和场外货币基金两种类型。

场内货币基金就是可以在股票账户上申购和赎回的货币基金；场外货币基金是通过银行、基金公司和其他平台申购和赎回的货币基金。场内货币基金，大家可能了解不多，这里着重介绍一下。

场内货币基金分为申赎型场内货币基金和“交易+申赎型”场内货币基金两种。

（1）申赎型场内货币基金

以“519”代码开头的场内货币基金归属于上海证券交易所，其只能在场内进行申购和赎回而无法进行买卖交易。代码为519888的汇添富收益快线货币A就是一只申赎型场内货币基金。它的交易规则和计息规则如下。

交易规则：T日申购的份额，T+1日可赎回，T+1日资金可用，T+2日可取。例如，周一申购货币基金份额，则周二可赎回，周二资金可用，周三资金可取。

计息规则：“算头不算尾”，即申购当天有收益，赎回当天无收益。

（2）“交易+申赎型”场内货币基金

这类场内货币基金不仅可以在场内申购和赎回，还可以在场内交易。但因沪、深交易所的货币基金交易及计息规则不同，这里按照交易所将其分为两类。

①上海证券交易所。以“511”开头的场内货币基金可以日内买卖，比如上午买入的货币基金，下午即可卖出。代码为511880的银华日利A就是一只上海证券交易所的“交易+申赎型”场内货币基金，它的交易规则有点复杂，大家简单了解就行。

交易规则一：T日买入，T日可卖出，资金T日可用，资金T+1日可取。例如，周一买入货币基金，则周一可以卖出，资金周一可用，周二可取。

交易规则二：T日买入，T日可赎，资金T+2日可用可取。例如，周一买入货币基金，则周一可以赎回，资金在周三可用可取。

交易规则三：T日申购，T+2日可卖，资金T+2日可用，资金T+3日可取。例如，周一申购货币基金，则周三可以卖出，资金周三可用、周四可取。

交易规则四：T日申购，T+2日可赎回，资金T+4日可用可取。例如，周一申购货币基金，则周三可以赎回，周五可用可取。

计息规则一：申赎“算头不算尾”。买入当天有收益，卖出当天无收益。

计息规则二：申赎“算尾不算头”。T日申购，T+1日有收益；T日赎回，T日有收益，T+1日无收益。

②深圳证券交易所。以“159”开头的场内货币基金既可以在市场上T+0交易，又可以T+0申赎，是目前市场上交易效率最高的场内货币基金。代码为159001的易方达保证金货币A就是一只深圳证券交易所的“交易+申赎型”场内货币基金，它的交易规则和计息规则如下。

交易规则一：T日买入，T日可卖出，资金T日可用，资金T+1日可取。例如，周一买入，周一可卖，资金周一可用、周二可取。

交易规则二：T日买入，T日可赎回，资金T日可用，资金T+1日可取。例如，周一买入，周一可赎，资金周一可用、周二可取。

交易规则三：T日申购，T日可卖出，资金T日可用，资金T+1日可取。例如，周一申购，周一可卖，资金周一可用、周二可取。

交易规则四：T日申购，T日可赎回，资金T日可用，资金T+1日可取。例如，周一申购，周一可赎，资金周一可用、周二可取。

计息规则：申赎“算尾不算头”。T日申购，T+1日有收益；T日赎回，T日有收益。

场外货币基金则分为A类和B类，两者的主要区别是申购门槛不同、费率不同、收益不同。

申购门槛方面，在第三方平台上，A类货币基金申购一般最低为1000元，B类货币基金申购最低为500万元；销售服务费方面，A类货币基金每年花费为0.25%，B类货币基金每年花费为0.01%；B类货币基金的收益高于A类货币基金，因为货币基金A的销售服务费高于货币基金B。例如，“海富通货币A”每年的销售服务费率为0.25%，“海富通货币B”每年的销售服务费率为0.01%。

一般人买的就是A类，目前年化收益率不到3%，B类是机构和大额投资者专属，收益比A类稍微高点。而且，当投资者持有的同一只货币基金A累计达到货币基金B的最低申购份额时，此货币基金A将自动转化成货币基金B。

10.3 如何选择货币基金

（1）看收益率

货币基金的收益率有两个衡量指标，日万份收益和7日年化收益率（见图10-1）。

日万份收益，指的是购买1万份基金，每天能赚多少钱。由于货币基金的净值是1元，这个指标可以理解为花1万元买这只基金，1天能赚多少钱。日万份收益指标的优势在于直观地展示了持有一万份（可以简单粗暴地理解为1万元左右）货币基金每天能够取得的收益。我们可以比较不同货币基金的日万份收益高低，选择日万份收益高的货币基金进行投资。但是日万份收益每天都在变化，所以，如果我们要投资货币基金，只看日万份收益是不行的。

7日年化收益率，指的是以最近7天的收益率取平均值计算得出的年化收益率。同等情况下，优先选择年化收益率高的。7日年化收益率的波动没有日万份收益那么剧烈，所以相对来说7日年化收益率更有参考意义。

历史收益

日期	日万份收益	七日年化收益率
2019-07-26	0.6559	+2.6080%
2019-07-25	0.6594	+2.6060%
2019-07-24	0.6542	+2.5970%
2019-07-23	0.6575	+2.5990%
2019-07-22	1.0033	+2.5960%

数据来源：雪球App。

图10-1　货币基金日万份收益和7日年化收益率

小技巧：大家在查看货币基金的收益指标时，可以以余额宝的收益指标作为参考标准，高于参考标准的才投资。

（2）看基金规模

优先挑选规模适中的货币基金。

很多人在选择货币基金时，以为规模越大越好，这是一种误解。优秀的基金经理操作基金的规模一般不会太大或太小，因为如果资金量少就无法在交易过程中掌握主动权，而资金量大则调仓也不灵活。

所以，货币基金挑选的第二原则，是挑选100亿～500亿元的中等规模的货币基金（见图10-2）。

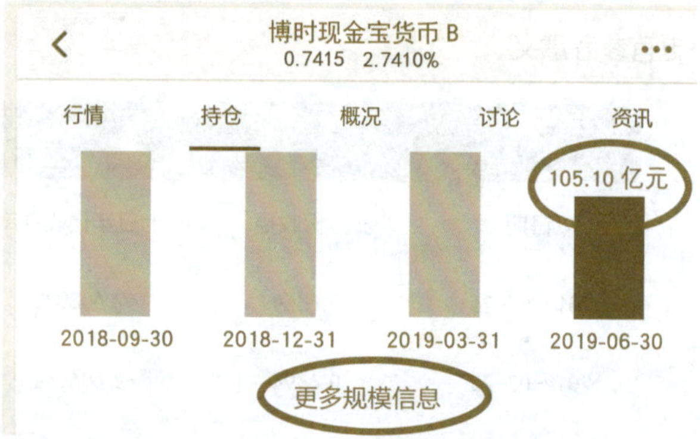

图10-2 博时现金宝货币B规模在105.1亿元就属于合适的中等规模

（3）看散户比例

购买货币基金的一个常见误区是跟着机构走，一般人一看很多大机构都在买某只货币基金，也跟风去买。但由于机构对货币基金的申购和赎回都很频繁，资金量又大，所以对于货币基金整体的安全性、流动性会造成很大的影响。反而是散户比例高的基金更安全。

要判断一只基金是不是散户买得多，研究它的持有人结构就可以了。如果一只货币基金的散户比例在70%以上，那么它的流动性风险就非常低了。我们在购买基金时，尽可能挑选散户比例超过60%的基金。博时现金宝货币B的个人投资者比例为16.71%（见图10-3），没有达到标准，因此，不建议购买。

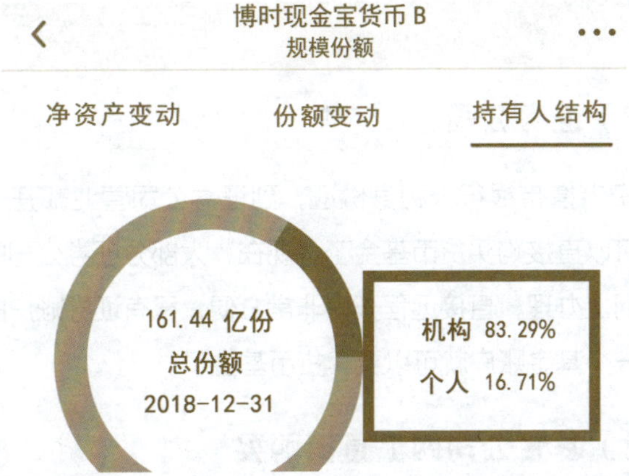

图10-3　博时现金宝货币B的个人投资者比例

（4）看成立时间

选择一只成立时间长、业绩相对稳定的货币基金是较为明智的。成立时间长，也间接说明了消费者的认可，只有经得起时间考验的产品才是好产品，基金也不例外。

10.4 货币基金的购买渠道

我们购买货币基金有以下几个渠道。

（1）银行

现在，有基金代销资格的银行很多，投资者可以携带本人身份证到银行柜台开一个存折或借记卡，并开立基金账户。在开户之后，填写和提交“申购申请表”，就可以在柜台上买货币基金了。也可以在开立基金账户后在柜台签约开通网上银行，通过该银行网站购买。

（2）证券公司

投资者携带银行卡和身份证，到证券公司营业部开个基金账户，就可以直接购买货币基金了。现在，大部分证券公司的业务都可以在网上办理，直接远程开户非常方便，已有证券账户的投资者再加开一个基金账户就可以买卖货币基金了。

（3）基金公司网上直销购买

在银行开立银行卡后，在该银行网站上开通网上银行，然后到要买基金的基金公司网站开立基金账户，在基金公司网站直销购买货币基金。

（4）网上第三方代销平台

目前，有很多网上基金代销第三方平台，如天天基金网、支付宝、蚂蚁财富等。想要购买货币基金只需要绑定银行卡，通过银行卡向所在的基金代销第三方平台充值资金，根据网上平台的流程操作就可以购买货币基金了。这是目前最常见也是最方便的货币基金投资渠道。

最后说一点，货币基金可以作为现金工具来使用，大家日常使用的微信理财通和支付宝余额宝与大家的个人生活密切相关。很多人合理分配自己的日常收入和生活开支，把钱放在理财通或余额宝，这是一种很方便的货币基金投资方法。但有些投资者消费习惯不好，放在理财通或余额宝里的钱由于随时可用，常常不经意就花掉了。像这样的朋友可以选择天天基金网这种专业的第三方平台来投资货币基金，有了充值、取现这样的划拨动作就不容易盲目消费了。

10.5 什么是债券型基金

债券型基金，就是指专门投资债券的基金。要搞懂什么是债券型基金，就要先搞懂什么是债券。在第1章我们说过，债券通俗一点讲就是一张借条。例如：朋友找你借了5万元钱，给你打了一张借条，约定利息为5%，一年后还钱。欠债还钱，只要朋友没有跑路，这个钱就是安全的。当然债券也有许多不同的类型，这里还是回到债券型基金。根据中国证监会的基金分类标准，基金资产80%以上投资于债券的为债券型基金。这是一个严格的定量标准，没有任何折扣可以打，当然债券型基金也可以有一小部分资金（剩下的20%部分）投资于股票市场，投资于可转债和打新股也是债券型基金获得收益的重要渠道。

下面我们来看一只具体的债券型基金——易方达稳健收益债券A（基金代码110007）。图10-4中明确显示了该基金的投资范围，主要包括国债、金融债、央行票据、企业债、可转债和股票。

基金概况

基金简称	易方达稳健收益债券A	基金代码	110007
基金全称	易方达稳健收益债券型证券投资基金		
基金类型	债券型	成立日期	2005-09-19
基金状态	正常	交易状态	限额申购　赎回打开　定投打开
基金公司	易方达基金	基金经理	胡剑
基金管理费	0.60%	基金托管费	0.20%
首募规模	--	最新份额	446948.76万份（2021-06-30）
托管银行	中国银行股份有限公司	最新规模	61.53亿（2021-06-30）

投资目标

通过主要投资于债券品种，追求基金资产的长期稳健增值。

投资范围

本基金的投资范围为具有良好流动性的金融工具，包括国债、金融债、央行票据、企业债、可转换债券（含可分离型可转换债券）、资产支持证券、债券回购等固定收益品种，银行存款、股票（含存托凭证），以及法律法规或中国证监会允许基金投资的其他金融工具。

如法律法规或监管机构以后允许基金投资其他品种，基金管理人在履行适当程序后，可以将其纳入投资范围。

数据来源：好买基金网。

图10-4　易方达稳健收益债券A的基本情况

目前，易方达稳健收益债券A的资产配置中股票占比为11.85%，债券占比为82.41%（见图10-5）。具体的债券配置中，金融债的占比是最大的（见图10-6）。

这只基金近3年来收益非常好（见图10-7），大幅跑赢了业绩比较基准中证综合债。

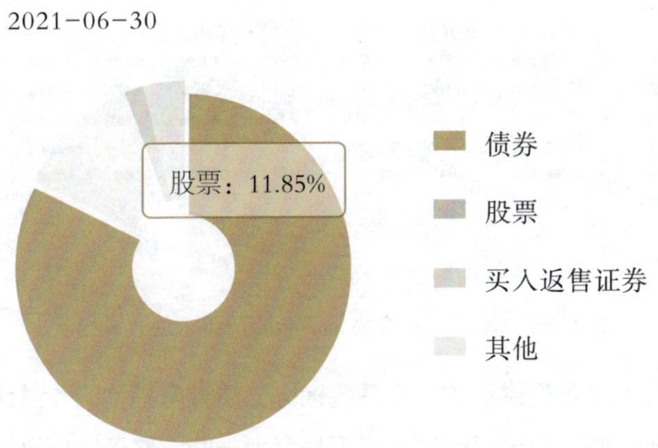

数据来源：好买基金网。

图10-5　易方达稳健收益债券A的资产配置

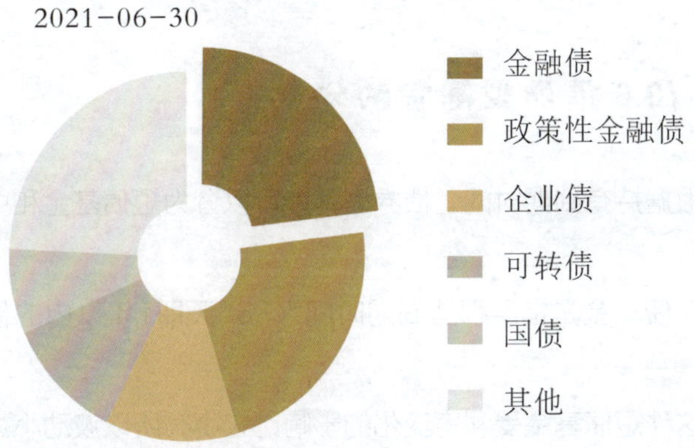

数据来源：好买基金网。

图10-6　易方达稳健收益债券A资产配置中的债券配置

	今年以来	近1周	近1月	近3月	近6月	近1年	近2年	近3年
区间回报	5.29%	0.87%	1.53%	2.72%	4.42%	6.71%	17.64%	28.65%
同类平均	3.01%	0.31%	1.09%	1.98%	2.85%	4.17%	10.64%	17.20%
中证综合债	3.63%	0.30%	1.39%	2.17%	3.39%	4.58%	8.67%	14.52%
同类排名	249/3035	388/3243	536/3228	474/3130	353/3058	257/2815	246/2078	170/1494
四分位排名	优秀	优秀	优秀	优秀	优秀	优秀	优秀	优秀

数据来源：好买基金网。

图10-7　易方达稳健收益债券A近3年来的收益情况

和上文我们讲过的货币基金相比，债券型基金的收益比货币基金高一些，不过风险也比货币基金大一些，属于中低风险投资品种。

10.6 债券型基金的分类

根据持有到期时间，债券型基金可以分为短债基金和中长债基金。

短债基金是指买那些到期时间为365天即1年以内的债券的基金。

这种短债基金受利率变化的影响比较小，所以波动小，一般来说年化收益率为3%～4%。

中长债基金就是买那些到期时间超过365天即1年以上的债券的基金。

这种债券受利率的变化影响很大，因此收益率也会高一些。一般来说，年化收益率为5%～6%。

两者的收益区别和银行存款是一个道理，大家都知道到银行存款1年期的利息明显低于5年期的利息；同理，短债基金的收益一般会低于中长债基金的收益，但是短债基金的波动会比中长债基金的波动小很多。

近年来，由于波动很小、收益能够很稳定地上涨，短债基金受到热捧。

比如，短债基金——嘉实超短债债券C的收益曲线，基本上是一根直线奔着右上角去了（见图10-8）。

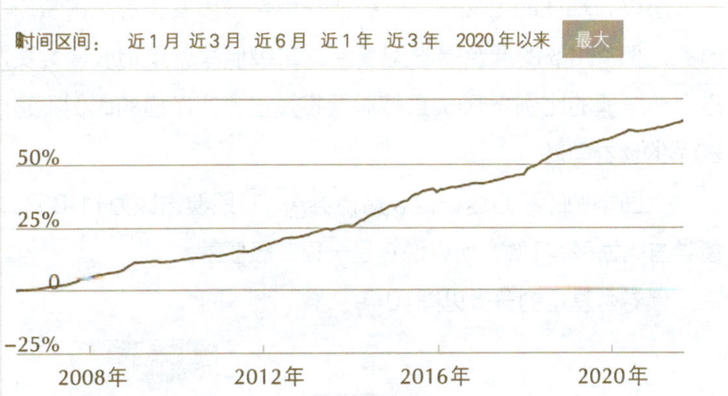

数据来源：好买基金网。

图10-8　嘉实超短债债券C的收益曲线

以上说的都是纯债基金，也就是说，这种基金只买债券不买股票。

还有一种混合债基，当然就是既持有债券又持有股票了。

上面说的易方达稳健收益债券A就是一只混合债基，而且是一只二级债基。

一级债基，只打新股，不能跑到股市上直接卖股票；二级债基，可以直接在股市上买卖股票，股票仓位一般不超过20%。

但是在2012年，中国证券业协会下发相关文件，一级债基和二级债基打新被叫停。

所以，现在一级债基、二级债基的分类标准，主要体现在股票类资产占净值的占比上。 所谓股票类资产主要是指股票和可转债，可转债算50%的股票+50%的债券。

举例来说，如果一只债券型基金里面有5%的股票，还有10%的可转债，那么，它的股票类资产占比就是5%+10%×0.5=10%。

所以，现在的定义下，一级债基就是指股票类资产占资产净值的比例<10%的混合债券型基金。二级债基就是指股票类资产占资产净值的比例≥10%且纯股票投资占资产净值的比例不超过20%的债券型基金。

上面举例的易方达稳健收益债券A，其股票占比为11.85%，债券占比为82.41%，所以说它是一只二级债基。

债券型基金的分类见图10-9。

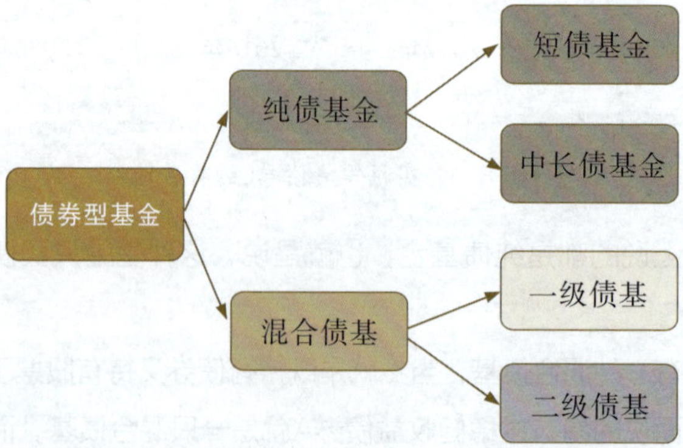

图10-9　债券型基金的分类

简单总结一下，从风险性来看：短债基金<中长债基金<一级债基<二级债基；收益性也是一样：短债基金<中长债基金<一级债基<二级债基。

短债基金可能一年下来只有3%～4%的收益，即便波动，一般收益也会在1%～2%之间；二级债基好的时候一年盈利15%都有可能，当然亏10%也有可能。

10.7 如何选择债券型基金

选择债券型基金，应主要关注以下几个方面。

（1）看综合费率

前面我们已经讲过，基金的费用一般包括申购费、赎回费、销售服务费、托管费、管理费。我们在购买债券型基金时，要综合考虑这些费用的费率，选择综合费率低的债券型基金来投资。

申购费和赎回费与购买渠道有关，可通过了解不同购买渠道的申购费和赎回费的费率来进行选择。表10-1统计了各类型债券型基金的管理费和托管费费率水平，投资者可以根据表中的数据来计算比较费率水平。

表10-1　不同类型债券型基金“管理费+托管费”费率水平

债基类型	最大值	最小值	中位数
中长期纯债基金	1.14%	0.25%	0.4%
短期纯债基金	0.55%	0.25%	0.4%

（续表）

债基类型	最大值	最小值	中位数
一级债基	1.55%	0.3%	0.85%
二级债基	1.2%	0.2%	0.9%
被动指数债券型基金	0.9%	0.18%	0.34%
增强指数债券型基金	0.95%	0.9%	—

（2）看基金规模

基金规模要大小适中。基金规模太小，可能遭遇清盘的风险；如果规模过大，遇到突发事件需要减仓、换仓，会比较困难。同时，规模过大也会增加基金管理难度，摊薄收益。不过不同类型的债券型基金对规模的要求也不一样，这里给一个大的参考范围，规模要大于1亿元但不能超过100亿元。

（3）看机构持有比例

根据数据或基金定期报告，我们可以查看某只债券型基金的机构持有比例。

机构拥有很大的研究优势、信息优势，投资专业度高，选它们持有大比例的债券型基金，就是跟随机构的脚步买债基，投资更有保障。

比如，近5年来收益排名靠前的永赢双利债券A，基金代码002521，机构持有份额比例就大大超过个人持有份额比例（见图10-10）。

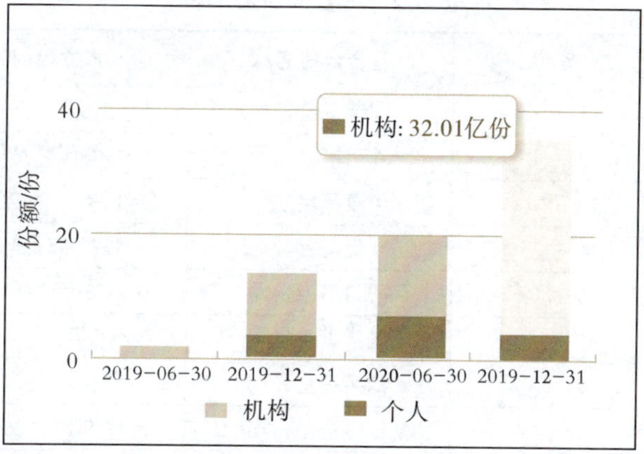

数据来源：好买基金网。

图10-10　永赢双利债券A的持有份额比例

要注意的是，这一点和货币基金刚好相反。

（4）看基金公司的实力

债券投资需要对债券市场进行专业的分析和细致的研究，老牌、大型的基金公司更有人才优势。

此外，债券投资对流动性的要求比较高，大的基金公司在流动性方面更有优势。目前，基金规模较大的基金公司主要有华夏基金、嘉实基金、博时基金、南方基金（见表10-2），以及成立于2001年4月17日的易方达基金。

表10-2 基金公司老十家

序号	基金公司名称	成立时间
1	国泰基金公司	1998年3月5日
2	南方基金公司	1998年3月6日
3	华夏基金公司	1998年4月9日
4	华安基金公司	1998年6月4日
5	博时基金公司	1998年7月13日
6	鹏华基金公司	1998年12月22日
7	嘉实基金公司	1999年3月25日
8	长盛基金公司	1999年3月26日
9	大成基金公司	1999年4月12日
10	富国基金公司	1999年4月13日

（5）看基金经理

很多债券型基金是主动管理型产品，基金经理的投研能力十分重要。建议投资者选择管理资产规模较大、投资年限超过5年、管理产品业绩长期比较稳定的基金经理。

此外，为了更严谨，我们要考量最新一任基金经理的任职时间，所以，最好选择近3年内没有更换过基金经理的债券型基金。

（6）看基金的长期业绩

虽说基金的业绩只代表过去，不代表将来。但对基金来说，考验基金的好坏还是要参考其历史业绩。

债券型基金的业绩到底怎么看呢？

以下标准可作为参考，跑赢业绩比较基准。

债券型基金也有各自的业绩比较基准，在长期投资中，能够大幅度跑赢业绩比较基准的，才是合格的基金。

还是以易方达稳健收益债券A为例，易方达稳健收益债券A的收益长期以来跑赢了业绩比较基准中证综合债（见图10-11）。

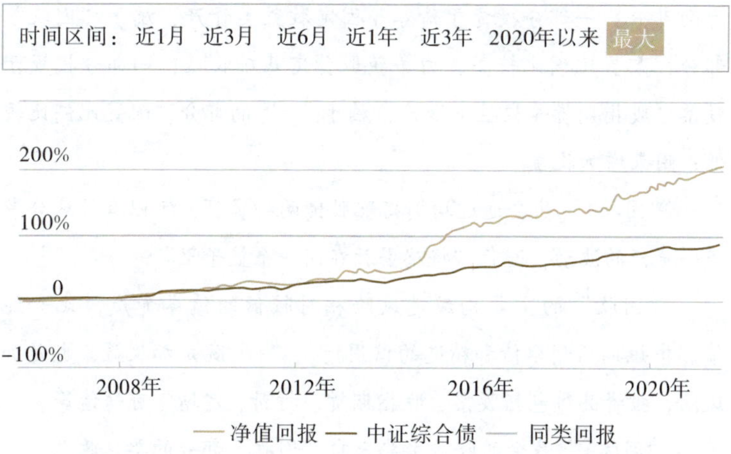

数据来源：好买基金网。

图10-11 易方达稳健收益债券A与中证综合债的收益走势

兴哥小灶

本章主要介绍了货币基金和债券型基金这两种防守型基金，我们投资它们主要是为了获取绝对收益，平衡风险。在实际投资过程中，哪怕是相对收益高一点的债券型基金，收益也常常达不到投资者的预期。直接去投资股票型基金，又担心风险较大，稍有不慎就会有不小的亏损，那么有没有一种基金能做到股票型基金和债券型基金之间的平衡？答案是肯定的，在这里，我们讲一种特别适合高波动的市场环境的、中低风险的、收益稳健的基金，那就是——“固收+”基金。

“固收+”基金其实指的是一种投资策略。这种投资策略分为两部分：一部分投资于债券等固定收益类资产，属于“固收”部分，配置比例比较高，力争获取稳定基础收益；一部分投资于股票、股指期货等权益类资产，属于“+”的部分，配置比例比较低，用来增加收益。

“固收+”基金通过均衡搭配股债两种资产，可以有效地分散单一资产的波动，避免“将鸡蛋放在同一个篮子里”。

“固收”的主要构成是风险相对较低的债券资产，比如纯债、中短期的利率债和精选的信用债。“+”既是加收益，也是加风险，投资品种包括股票、股指期货、打新、定增、可转债等。

“固收+”基金的收益主要来自“固收”部分的票息收益、资本利得、杠杆收益和“+”部分的股票、期货、可转债等的收益。

目前来看，多数“固收+”产品历史年化收益率为5%～9%，收益中等。总体来说，“固收+”基金能在风险相对可控的前提下，获得部分增厚收益，比较适合长期稳健投资者。

从“固收+”产品的波动率来看，偏债混合型基金指数自2012年以来，连续9个年度都获得了正收益，可以说，在不同的市场环境下，都有着相当稳健的表现。

2012年以来，偏债混合型基金指数的收益连续9年为正数，整体收益大幅跑赢中证全债（见图10–12）。

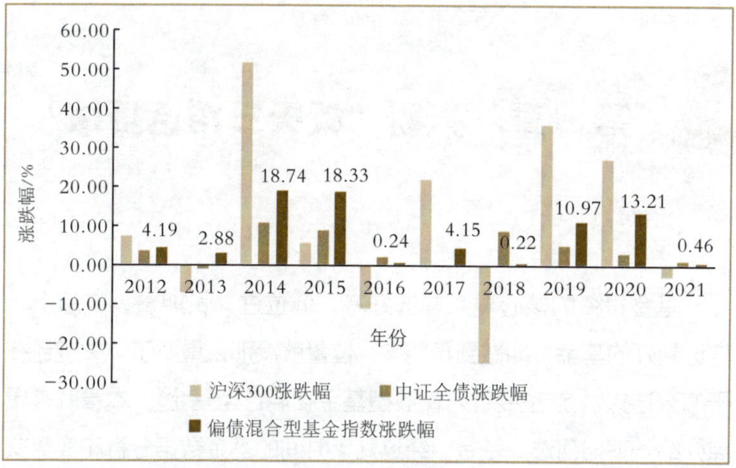

数据来源：Wind。

图10-12　2012年1月1日至2021年3月31日，各类基金收益对比

2019年以来，市场波动较大，“固收+”基金也越来越受到投资者的青睐，基金公司布局速度也在加快，风险偏好不高、比较偏向稳健的投资者可以着重考虑投资这类基金。

第11章 兴哥“天天三招选基法”

基金投资的核心要点是选好基，低位进，长期拿。实际上，能选到好的基金，能做到长期拿，位置就没那么重要了，关键还在于怎么选择基金(主要针对偏股型基金和混合型基金)。本章就来重点介绍一下如何选择基金。经过几年时间的基金数据分析和实盘交易总结，再结合实际应用过程的执行性，兴哥创立了非常适合基金新手投资者使用的“天天三招选基法”。这个方法一两分钟就能够判断出一只基金的好坏，从而决定能不能投，简单好执行，刚入门的新手学了也能马上使用。

11.1 “天天三招选基法”的基本招式

简单来说，就是运用天天基金平台的三个指标——夏普比率、最大回撤和多时段优秀，来挑选和评估基金（见图11-1、图11-2）。

具体招式如下：

◆近1年夏普比率在2.5以上，越高越好。

◆最大回撤在10%以内。

◆多时段优秀，至少看2年。

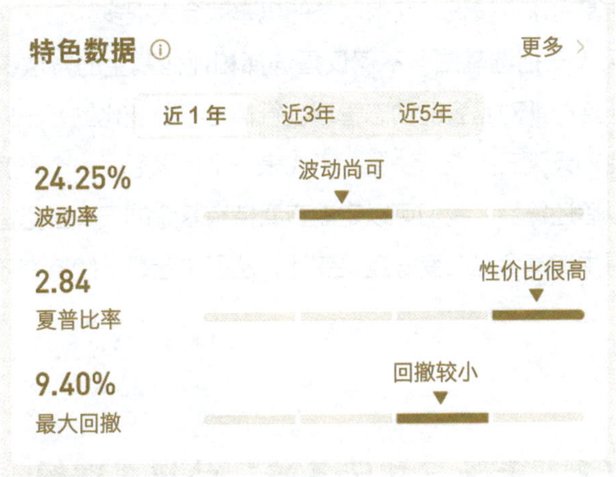

数据来源：天天基金App。

图11-1　“天天三招选基法”夏普比率和最大回撤指标实例

	近1周	近1月	近3月	近6月	今年来	近1年	近2年	近3年
阶段涨幅	1.94%	9.12%	26.33%	46.55%	90.32%	74.71%	51.74%	-
同类平均	0.90%	3.68%	9.61%	11.36%	32.22%	25.72%	-2.71%	8.54%
沪深300	0.52%	3.53%	8.28%	8.33%	31.97%	23.06%	-1.85%	17.85%
同类排名	122 | 1330	39 | 1317	12 | 1263	2 | 1176	1 | 1081	5 | 1037	8 | 809	-- | 625
四分位排名	优秀	优秀	优秀	优秀	优秀	优秀	优秀	

数据来源：天天基金App。数据截止日期为2020年12月31日。

图11-2　“天天三招选基法”多时段优秀指标实例

需要说明的是，这三个指标可以有一定的灵活度。比如：受到行情影响，一般基金都会有比较大的波动，最大回撤在10%以内的基金是很少的，可以适当放宽到15%；多时段优秀，有几个良好也是允许的。不过对新手来说，不建议有太大的灵活度，条件限制严格一些，能选出来的基金会少很多。一开始就能选择出少而精的优质基金来做投资，获得收益的概率就会大很多。

“天天三招选基法”不仅仅是选择和评估基金的方法，也可以用作一定时期对基金的动态管理。行情是不断变化的，一只基金现在符合“天天三招选基法”，不代表一个月以后、一个季度以后或一年以后还符合，我们可以定期查看持有基金的天天三招指标，来判断手中的基金是在变好还是变坏，从而决定是继续持有还是逐步卖出。

11.2 “天天三招选基法”的招式详解

（1）近1年夏普比率在2.5以上，越高越好

夏普比率是“天天三招选基法”的第一个指标，它反映基金承担单位风险所能获得的超过无风险收益的超额收益。夏普比率越大，基金的历史阶段绩效表现越佳。夏普比率是可以同时对收益与风险加以综合考虑的指标，它广泛运用于基金市场，目前已成为国际上用以衡量基金绩效表现最为常用的一个标准化指标。

具体解释下：夏普比率可以帮助投资者在固定的所能承受的风险下，追求最大的报酬；或在固定的预期报酬下，追求最低的风险。

它的计算公式为：

夏普比率=（投资组合预期收益率－无风险利率）÷投资组合标准差

也就是说，夏普比率代表投资人每多承担一分风险，可以拿到几分超额报酬。比如，夏普比率为2，代表风险每增长1%，就换来2%的多余收益。夏普比率若为正值，代表基金报酬率大于风险；若为负值，代表基金风险大于报酬率。

有一点要说明一下，夏普比率根据时间周期的不同，数值也是不同的（见表11-1）。

我们所说的夏普比率指的是近1年以内的指标数据。

表11-1　某基金近1年、近2年和近3年的夏普比率数值

基金风险指标	近1年	近2年	近3年
标准差	36.97%	28.13%	23.93%
夏普比率	2.79	1.91	1.53

数据来源：天天基金网。

对于我们投资的股票型基金或混合型基金，不管怎样的时间周期，先给一个总的原则，那就是夏普比率越高越好。因为夏普比率越高，就代表投资组合相对于它所承担的风险的表现越好。

简单来说，夏普比率就是评价基金的性价比，数值越高，性价比越高。

接着，我们来拆解一下“天天三招选基法”的第一招——近1年夏普比率在2.5以上，越高越好。

为什么要这么定？或者说，为什么近1年夏普比率在2.5以上的基金比较适合我们投资？

如果一只基金近1年的夏普比率在2.5以上（见图11-3），表

明这只基金在最近的1年有非常好的超额收益，那我们可以预期在接下来的时间里，这只基金还能维持比较好的业绩表现。而且一只基金的夏普比率要长时间维持在2.5以上，也是很难的，我们投资了近1年夏普比率在2.5以上的基金相当于给了一个非常高的起点，哪怕之后这只基金的夏普比率有所下滑，我们也可以保持一个良好的业绩预期。另外，近1年夏普比率在2.5以上的基金在全市场都是不多的，但这个比率指标也是能达到的，相当于我们给基金进行了一次小规模的精选。

简单理解，就是我们在选择基金投资的一开始就设立了一个很高的标准，这对我们之后的投资盈利肯定是有百利而无一害的。

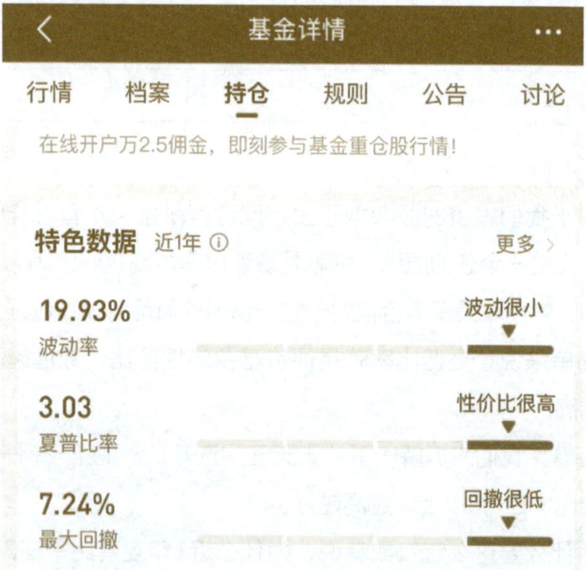

图11-3 某基金的夏普比率达到了“天天三招选基法”第一招的要求

（2）最大回撤在10%以内

最大回撤是“天天三招选基法”的第二个指标，它是指在选定周期内任一历史时点往后推，产品净值走到最低点时的收益率回撤幅度的最大值，也就是基金净值从最高到最低的下降幅度。最大回撤用来描述任一投资者可能面临的最大亏损，指标越小越好。

这是一个相对的概念，是表现买入任一产品后会遇到的最差的情况。

公式表示如下：

$$\text{Max Drawdown}=\frac{\text{Max}（P_x-P_y）}{P_x}$$

P_x，P_y=策略某日股票和现金的总价值，$y>x$

P为某一天的净值，x为某一天，y为x后的某一天，P_x为第x天的产品净值，P_y则是P_x后面某一天的净值。Max Drawdown=Max（P_x-P_y）/P_x，其实就是对每一个净值进行回撤率求值，然后找出最大的数。

举个例子。假如1月买入图11-4中的这只基金产品，那么，在未来8个月内，最大回撤为38.9%（净值从1.8变为1.1）。

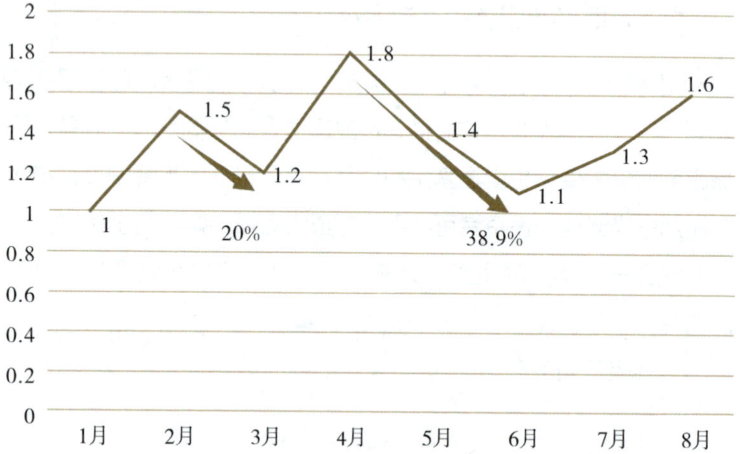

图11-4　某基金的最大回撤

再举一个例子。假设A、B两只基金，都是从1月拿到8月，它们的收益率都是60%，但是基金A的最大回撤是38.9%，B基金的最大回撤是18.8%，就这段时间看，基金B的风控能力是大于基金A的（见图11-5）。我们在实际选基金时，对于收益相当的产品就可以看它的最大回撤，最大回撤越小，风控能力越强。

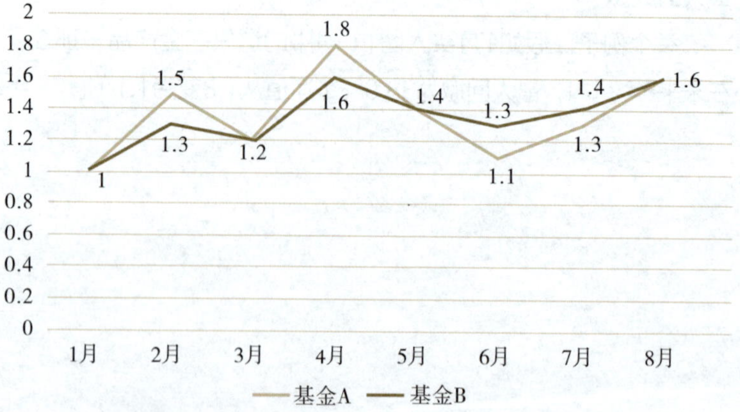

图11-5　收益相当的两只基金中最大回撤越小的那只风控能力越强

再看看我们“天天三招选基法”的第二招拆解——最大回撤在10%以内。

为什么要这么定？或者说，为什么最大回撤在10%以内的基金（见图11-6）才比较适合我们投资？

因为一只基金的最大回撤直接代表了它的最大亏损风险，回撤大的基金波动也相应比较大，这样的基金投资体验不好，是很难持有的。就像上面举例的基金A，净值从1.8元一下子跌到1.1元，如果是从净值1元开始投，收益一下子就从80%跌到了10%，这对持有人的心理是巨大的考验。我们投资基金希望看到的是平滑向上的收益曲线，而不是大起大落，这就要求我们投资的基金最大回撤一定要小，所以我们把最大回撤指标设定在10%以内。和第一招的近1年夏普比率在2.5以上相似，这个要求其实也是非常高的，在行情正常波动的年份，股票型基金的回撤一般都在20%左右。在这个指标上一开始就对我们所投的基金严格要求，对我们以后的基金持有会有很大的帮助。

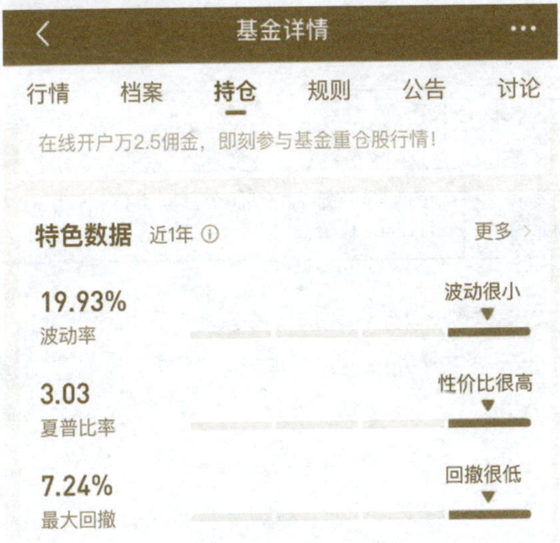

图11-6　某基金的最大回撤达到了“天天三招选基法”的要求

（3）多时段优秀，至少看2年

多时段优秀是“天天三招选基法”的第三个指标，也是直接的收益指标，它参考了台湾教授发明的“4433选基法”。

小知识

“4433选基法”

第一个“4”：基金必须满足近1年收益在同类基金中的排名在前1/4。

第二个“4”：基金2年、3年、5年的收益在同类基金中的排名必须在前1/4。这个条件主要是用来筛选出中长期表现较好的基金，所以为了简化计算，牛熊交易室仅使用近3年的收益率。

第一个“3”：基金近6个月的收益在同类基金中的排名必须在前1/3。

第二个“3”：基金近3个月的收益在同类基金中的排名必须在前1/3。后两个条件将会筛选出近期表现较好的基金。

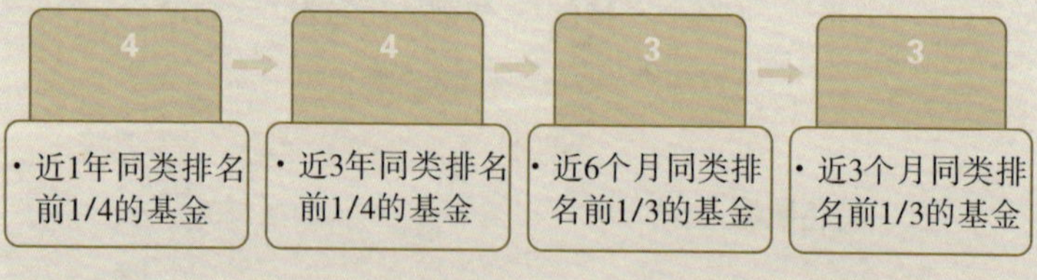

在天天基金App上可以直接用这个方法来选择基金。

①打开天天基金App，首页即可看到“小天智能助理”按钮（见图11-7）。

图11-7　天天基金App首页的“小天智能助理”按钮

②点击“小天智能助理”按钮，进入如图11-8所示界面，输入“4433选基”，点击“点击查看”即可。

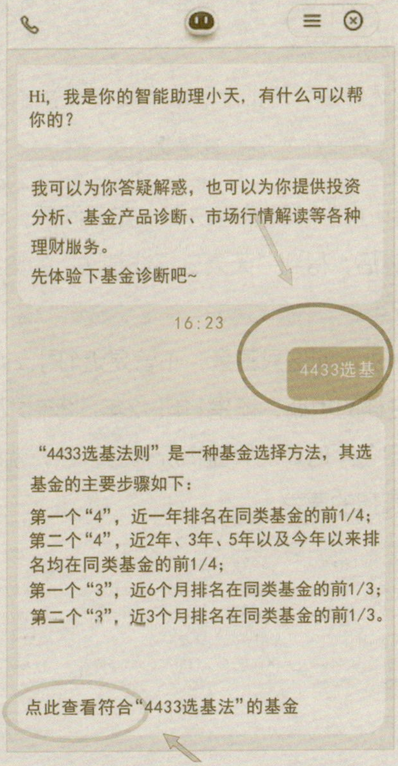

图11-8　“小天智能助理”界面

不过，这个选基方法还是有些缺陷，主要有以下三个：

①“4433选基法”很容易受短期业绩影响。比如，某只基金一直表现平平，但最近半年突然逆袭，业绩大增，使得近1年、近2年、近3年业绩看起来很不错，比如2020年7月的诺安成长混合。短期的业绩，往往运气驱动的概率大，而不是实力。这也是“天天三招选基法”中第三个指标至少看2年的主要原因。

②“4433选基法”对短期业绩要求过于苛刻。实际上，这个选基方法的条件是非常苛刻的，经常出现一个好品种也选不出来的情况，主要原因就是其对短期业绩的要求过高，容易误伤某些长期业绩表现优异的基金。

③“4433选基法”选出来的基金收益不够直观，投资者很难清楚地知道所投基金的实际收益情况。

在实际应用了“4433选基法”一定时间后，针对以上缺陷，我把它衍生改良后，得到“天天三招选基法”的第三招——多时段优秀，至少看2年。

如图11-9所示的这只基金，不管是近1周、近1个月、近3个月、近6个月这样的短期，还是1年、2年、3年这样的中长期都达到了优秀，并且各个时期的收益情况一目了然，就很符合“天天三招选基法”第三招的要求。

	近1周	近1月	近3月	近6月	今年来	近1年	近2年	近3年
阶段涨幅	6.01%	25.15%	93.06%	86.87%	88.00%	186.08%	204.25%	209.22%
同类平均	1.94%	2.31%	8.66%	4.67%	11.13%	21.81%	106.44%	126.66%
沪深300	2.03%	-2.70%	-3.41%	-9.75%	-5.04%	3.59%	34.63%	49.27%
同类排名	20 | 637	4 | 639	1 | 616	1 | 572	1 | 540	1 | 462	39 | 370	58 | 311
四分位排名	优秀	优秀	优秀	优秀	优秀	优秀	优秀	优秀

图11-9　某基金不同时段的业绩表现

多时段优秀是我们对基金业绩持续性的要求，短期的业绩不算什么，持续牛才是真的牛。

有很多基金在一年内压单一板块，赌中一个行业或主题，当年业绩起飞，排名能进前10甚至拿第一，但之后行情风向转变，业绩迅速下滑，之前被亮丽收益吸引过来的投资者就很容易被套。

所以，相较于短期业绩，按年算的多时段优秀更重要，大家在参考时也应该更加重视。

最后看看我们“天天三招选基法”的第三招拆解——多时段优秀，至少看2年。

对于多时段指标，由于不像前面两个是单一指标，所以我们遇到的情况会复杂一些，处理的方式也灵活一些。针对这个指标，我给大家一些基本的使用原则作为参考。

多时段优秀（见图11-10），我们主要关注六个时间段的收益率：近1个月、近3个月、近6个月、近1年、近2年、近3年。

近1个月，如果低于一般，则直接放弃掉该基金。

近3个月，如果低于良好，则直接放弃掉该基金。

近6个月，如果低于良好，则直接放弃掉该基金。

近1年，如果低于优秀，则直接放弃掉该基金。

近2年，如果低于良好，则直接放弃掉该基金。

近3年，如果低于良好，则直接放弃掉该基金。

另外，近1年、近2年、近3年、近5年中至少有两项是优秀，否则也直接放弃掉该基金。

易方达蓝筹精选混合

阶段涨幅

阶段涨幅　季度涨幅　年度涨幅　基金评级

周期	涨跌幅	同类平均	同类排行
近1周	1.42%	-0.16%	425|3960 优秀
近1月	3.38%	1.18%	484|3957 优秀
近3月	14.97%	5.41%	207|3841 优秀
近6月	42.73%	21.19%	222|3535 优秀
近1年	85.43%	37.21%	76|3145 优秀
近2年	173.57%	75.18%	108|2756 优秀

图11-10　多时段优秀的基金示例

11.3 “天天三招选基法”的招式使用

（1）选择好基

首先，我们可以在天天基金网按业绩排名来构建一个基金池。

其次，将股票型基金和混合型基金各取前20名（有部分基金A

类、C类重复）（见图11-11、图11-12）。

全部(7800) 股票型(1534) 混合型(4264) 债券型(1938) 指数型(1120) QDII(64)

比较	序号	基金代码	基金简称	日期	单位净值	累计净值	日增长率	近1周	近1月	近3月	近6月
□	1	004040	金鹰医疗健康	05-28	2.4099	2.7099	-2.56%	-0.74%	1.66%	17.18%	56.19%
□	2	004041	金鹰医疗健康	05-28	2.5168	2.8268	-2.56%	-0.75%	1.63%	17.07%	55.87%
□	3	003834	华夏能源革新	05-28	3.0230	3.0230	4.13%	5.37%	12.25%	18.32%	51.68%
□	4	001717	工银前沿医疗	05-28	4.7610	4.7610	-2.98%	-1.51%	2.34%	19.14%	48.78%
□	5	010685	工银前沿医疗	05-28	4.7490	4.7490	-2.98%	-1.51%	2.31%	18.96%	48.36%
□	6	000831	工银医疗保健	05-28	4.1370	4.1370	-3.27%	-1.78%	1.17%	18.03%	48.07%
□	7	001171	工银养老产业	05-28	2.2860	2.2860	-2.97%	-0.52%	1.46%	18.08%	47.29%
□	8	000828	泰达转型机遇	05-28	2.5600	2.7800	4.66%	8.11%	18.30%	20.47%	42.86%
□	9	005669	前海开源公用	05-28	1.8688	1.8688	5.52%	7.25%	16.60%	21.04%	41.30%
□	10	006002	工银医药健康	05-28	3.7130	3.7130	-3.04%	-1.00%	3.04%	16.94%	40.61%
□	11	002300	长盛医疗行业	05-28	2.8740	2.8740	-2.11%	0.35%	4.62%	14.87%	40.54%
□	12	006003	工银医药健康	05-28	3.6461	3.6461	-3.04%	-1.01%	2.99%	16.76%	40.19%
□	13	540008	汇丰晋信低碳	05-28	3.4284	3.5284	2.30%	4.31%	8.88%	10.19%	38.33%
□	14	009162	富国医药成长	05-28	1.4026	1.4026	-2.87%	-0.82%	2.57%	15.85%	38.02%
□	15	000913	农银医疗保健	05-28	3.3444	3.3444	-2.06%	1.02%	6.17%	13.62%	37.15%
□	16	006228	中欧医疗创新	05-28	2.8659	2.8659	-2.74%	-0.40%	2.16%	12.30%	36.50%
□	17	005927	创金合信新能	05-28	2.3228	2.3228	4.34%	5.16%	8.14%	11.88%	36.43%
□	18	004851	广发医疗保健	05-28	3.8922	3.8922	-2.24%	-0.02%	4.13%	14.27%	36.27%
□	19	009163	广发医疗保健	05-28	3.8745	3.8745	-2.24%	-0.02%	4.09%	14.16%	36.00%
□	20	005928	创金合信新能	05-28	2.2719	2.2719	4.34%	5.15%	8.07%	11.68%	35.95%

图11-11 天天基金网上排名前20名的股票型基金

全部(7800)　股票型(1534)　**混合型(4264)**　债券型(1938)　指数型(1120)　QDII(64)

比较	序号	基金代码	基金简称	日期	单位净值	累计净值	日增长率	近1周	近1月	近3月	近6月
☐	1	005296	南华丰淳混合	05-28	2.3484	2.3484	-0.51%	1.77%	5.19%	46.40%	63.74%
☐	2	005297	南华丰淳混合	05-28	2.2710	2.2710	-0.51%	1.76%	5.15%	46.31%	63.46%
☐	3	002943	广发多因子混	05-28	2.9326	3.1729	0.77%	3.99%	8.01%	17.26%	54.32%
☐	4	001951	金鹰改革红利	05-28	2.7600	2.7600	3.25%	3.88%	9.61%	11.11%	54.28%
☐	5	005412	金信民长混合	05-28	1.7786	1.7786	1.63%	7.39%	12.61%	18.87%	52.60%
☐	6	005413	金信民长混合	05-28	1.6908	1.6908	1.64%	7.39%	12.60%	18.85%	52.54%
☐	7	000209	信诚新兴产业	05-28	3.4480	3.4480	2.83%	3.98%	13.68%	21.41%	51.23%
☐	8	090020	大成健康产业	05-28	2.3350	2.3350	-1.39%	1.92%	4.01%	20.11%	51.13%
☐	9	002408	中信建投医改	05-28	3.1353	3.1353	-2.17%	1.53%	11.72%	25.45%	49.69%
☐	10	007553	中信建投医改	05-28	2.6064	2.6064	-2.18%	1.52%	11.68%	25.33%	49.39%
☐	11	008099	广发价值领先	05-28	1.7754	1.7754	0.00%	1.84%	4.74%	16.88%	47.96%
☐	12	009644	东方阿尔法优	05-28	1.5216	1.5216	5.63%	7.10%	17.37%	13.77%	47.01%
☐	13	009645	东方阿尔法优	05-28	1.5148	1.5148	5.63%	7.10%	17.33%	13.63%	46.67%
☐	14	006049	恒越研究精选	05-28	2.6052	2.6052	0.65%	3.53%	9.46%	20.33%	46.19%
☐	15	007192	恒越研究精选	05-28	2.5949	2.5949	0.65%	3.52%	9.44%	20.27%	46.04%
☐	16	006299	恒越核心精选	05-28	2.5925	2.5925	0.42%	3.06%	8.57%	19.26%	45.47%
☐	17	007193	恒越核心精选	05-28	2.5963	2.5963	0.42%	3.06%	8.55%	19.21%	45.32%
☐	18	001487	宝盈优势产业	05-28	2.6370	2.7870	-0.26%	2.49%	4.27%	15.10%	45.29%
☐	19	000452	南方医药保健	05-28	4.4930	4.7080	-2.54%	-0.79%	5.03%	17.56%	44.66%
☐	20	002708	大摩健康产业	05-28	3.5580	3.5580	-2.65%	-1.14%	2.77%	16.35%	44.58%

图11-12　天天基金网上排名前20名的混合型基金

时间周期可以选择1年、2年或3年。建议大家在不同周期综合参考比较，以长周期为主要参考标准。

最后，根据基金的夏普比率、最大回撤和多时段表现情况等来决定要投资哪只基金。

（2）规避风险

现在让兴哥点评和参考持有基金的粉丝很多，有的粉丝在学习和掌握了“天天三招选基法”以后，也学会了自己去除很多不好的基金。

比如，2020年非常火的诺安成长混合，很多投资者在2020年7月净值高点买入，随后基金净值一路下跌，很多投资者承受不住，亏损离场。这只基金就是短期表现掩盖了长期业绩的那种。如图11-13所示，很明显，在2019年之前的几年，这只基金的业绩都非常不好。

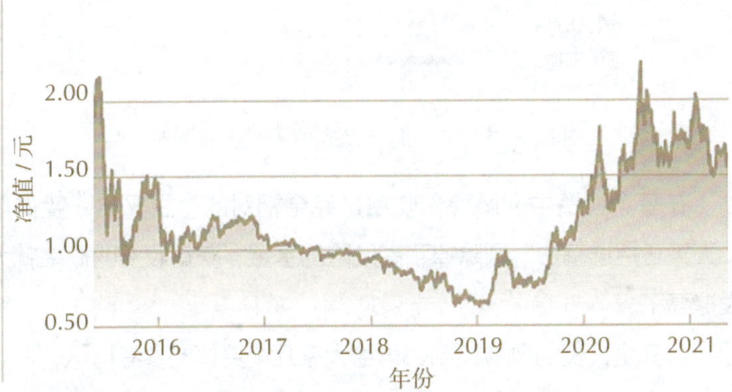

数据来源：天天基金网。

图11-13　诺安成长混合近5年净值走势

这只基金的天天三招指标也完全不符合我们的要求（见图11-14），学会了“天天三招选基法”的投资者是肯定不会投资这样的基金的。

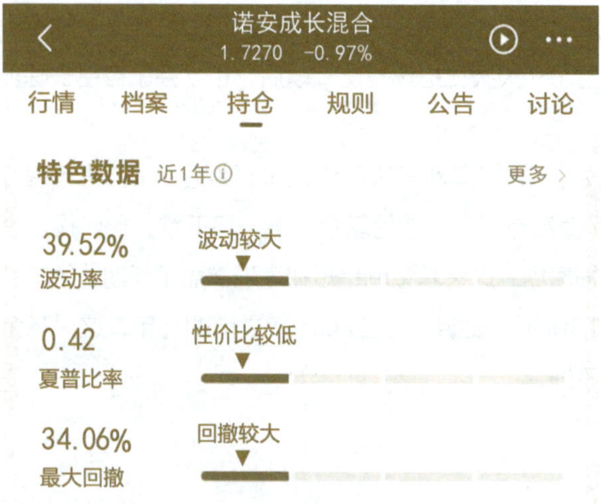

图11-14 诺安成长混合的天天三招指标

在基金投资中，风险和收益是完全相对的孪生兄弟，我们用“天天三招选基法”剔除掉了高风险的基金，获得收益的概率就大大提高了。

就基金投资的风险控制，再给大家几个具体的参考指标。

①基金经理变更。如果近6个月基金经理有变更，且新的基金经理业绩一般，可以直接放弃该基金。

②波动率。如果一只基金近一年波动率高于30%，也可以考虑放弃该基金（见图11-15）。

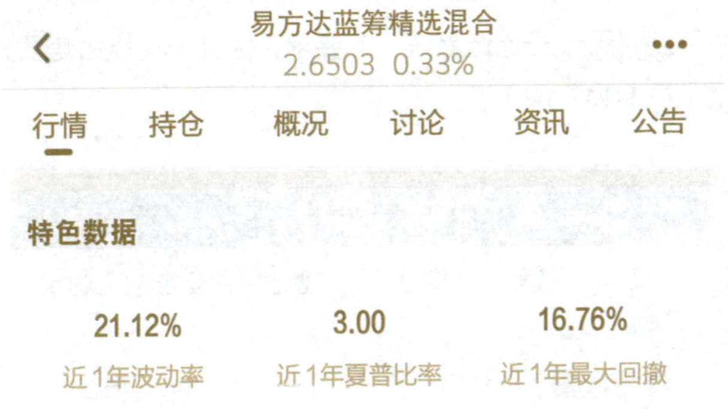

图11-15　易方达蓝筹精选混合近一年波动率低于30%

③年度最差收益。如果一只基金某一年下跌30%，那么，下一年它需要涨42%才能涨回来。因此，如果一只基金近5年的年度最大跌幅超过30%，或远低于同类平均水平，就可以直接放弃该基金（见图11-16）。

	2020年度	2019年度	2018年度	2017年度	2016年度	2015年度	2014年度	2013年度
阶段涨幅	39.10%	95.44%	-31.83%	-12.80%	-24.22%	51.34%	9.00%	3.38%
同类平均	41.00%	33.57%	-13.93%	10.54%	-7.23%	46.34%	22.46%	14.43%
沪深300	27.21%	36.07%	-25.31%	21.78%	-11.28%	5.58%	51.66%	-7.65%
同类排名	787 | 1686	7 | 1014	552 | 794	668 | 874	452 | 546	184 | 459	364 | 432	327 | 398
四分位排名	良好	优秀	一般	不佳	不佳	良好	不佳	不佳

图11-16　诺安成长混合2018年的年度收益跌幅达到31.83%

（3）动态管理

虽然我们投资基金要有长期投资的理念，但也不是拿着一只基金就完全不闻不问。我们需要定期审视持有的基金，做动态管理。

比如，广发医疗保健股票A，现在的夏普比率、最大回撤等都已经达不到“天天三招选基法”的要求，因此，可以考虑卖掉这只基金了（见图11-17）。

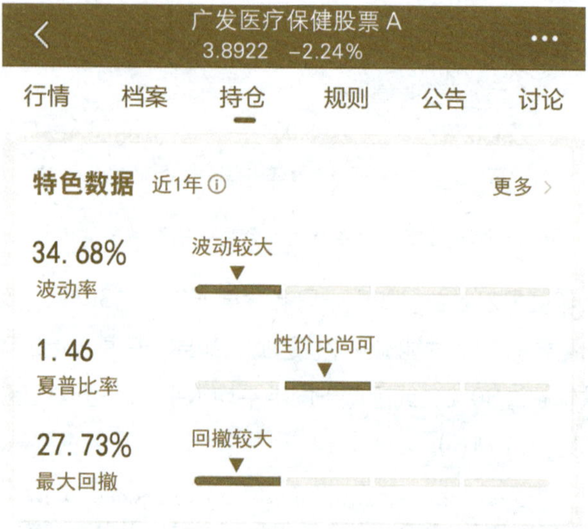

图11-17 广发医疗保健股票A的持仓数据

兴哥小灶

这个章节是本书的核心部分，针对“选好基”的“天天三招选基法”，希望大家在完全理解以后，再应用到基金投资的实战上，最后贯彻“长期拿”的战略方针，投资基金盈利就是水到渠成的事了。

在本章的小灶里，再给大家一些基金投资的综合参考。

怎样判断哪些基金是优秀的基金？

（1）看天天基金网的标识

对于天天基金网中被标记为“长期绩优基金”“十年优秀基金”的基金，可以给予更多考虑（见图11-18）。

图11-18　长期绩优基金示例

（2）看晨星评级

晨星网是国际上知名的第三方基金评级公司。如果一只基金过去3年都被评为晨星五星，则说明从综合的角度来看，该基金过去3年表现不错。因此，在购买基金时，可以更多考虑这类基金。

在支付宝上可以查看基金的晨星评级，也可以通过晨星网查看晨星评级（见图11-19）。

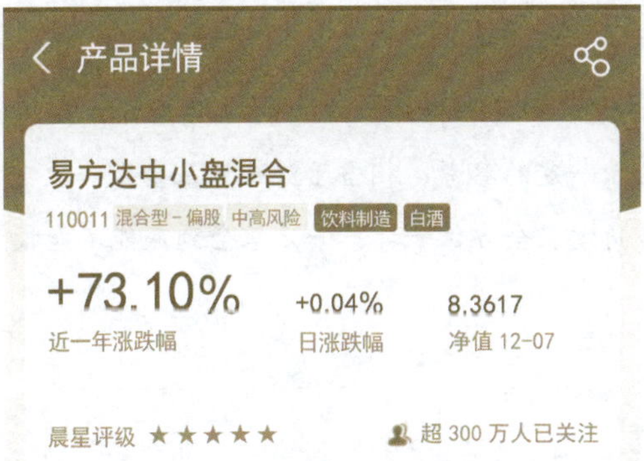

图11-19　在晨星网查看晨星评级

（3）看基金经理获奖情况

在天天基金网上，我们还可以进入基金经理的详情页，看看他管理的基金的获奖记录，以便作为参考（见图11-20）。

管理基金获奖记录

易方达中小盘混合 110011 >

2020-03-31	2019 年度五年期混合型金牛基金
2019-04-26	2018 年度十年期金基金·偏股混合型基金奖
2019-04-15	2018 年度三年期混合型金牛基金
2019-03-21	2018 年度五年期积极混合型明星基金奖
2018-05-14	2017 年度一年期金基金·偏股混合型基金奖
2018-03-26	2017 年度一年期混合型金年基金
2018-03-23	2017 年度五年期积极混合型明星基金奖
2017-05-12	2016 年度一年期积极混合型明星基金奖
2017-04-21	2016 年度一年期金基金 · 偏股混合型基金奖
2017-04-08	2016 年度一年期混合型金牛基金
2017-01-06	2016 年度一年期年度最受欢迎权益类基金

图11-20　在晨星网查看基金经理管理基金获奖记录

以上作为“天天三招选基法”的辅助指标，在实际的基金选择中也要给予一定的参考，相当于对一只基金做一次完整的整体评定，也从多角度、全方位来考察一只基金到底能不能投。

附录

基金投资常见问题

1. 基金投资要避开哪些误区？

（1）买新基金。很多投资者喜欢买新基金，但懂行的人都知道大多数情况下，老基金比新基金好。兴哥建议，一般情况下，不要买新基金，哪怕特别认可的基金经理发了新基金，也要观察下再说，或者直接去买他之前的老基金。

什么情况下可以购买新基金？两种情况可以考虑。

第一，喜欢的基金经理离职了，去了一家新的公司，然后没有其他基金可以选择，只能买新基金，这种情况其实是时有发生的，优秀的基金经理经常被高薪高职位挖走，比方说之前在富国做得很好的于洋。不过这种情况还是需要非常慎重对待的，基金经理去了新公司，业绩能不能保持是很难说的。

第二，就是一些特殊性质的基金，如果看好的话，可以买，比如之前没有科创板，很多存量老基金不能投资科创板（基金合同中是有规定投资范围的），这时候新发的基金投资范围更大，可以考虑。还有一些明星基金经理管的老基金不能投资港股，但是新基金能投港股，那么可以考虑买新基金。不过即便如此，也可以等新基金上市之后再买。

（2）买了太多基金。我看过很多粉丝的基金持仓，最大的感觉就是散乱——投得太多，太分散了。很多人都是几万元钱买了10多只基金，也有的买了几十只基金。对基金的过于分散投资，很容易造成一个结果，那就是赚了收益率不赚钱。兴哥建议，在投资基金时，尽量让自己的资金集中一点。现在本来就是选择过多的时代，大家要学会断舍离。对大部分人来说，持仓基金超过6只就是多了。

（3）情绪化操作。有的人追涨杀跌，看到很多基金在涨，就认为行情向好，觉得牛市来了，赶紧买入；而之后一旦下跌，自己亏钱了，怕亏更多，就赶紧卖出；有的人赚点就跑，比如投资了2年，刚经过2018年熊市，涨了几个点，感觉挣到了，就赶紧清仓，然后2019年小牛市来了；有的人刚跌就加仓，跌了很久却卖出。这些都是情绪化操作的表现。针对情绪化操作，兴哥建议，一定要事先制订好交易计划，并时刻保有余粮（不满仓操作），主要应做好以下四点：一是设定好收益率目标，收益率目标在30%左右就是合理的；二是要有投资策略，比如第1章所讲的三段投资法；三是时刻保持余粮，这样就可以随时逢低加仓，拉低买入成本，比如第一次买入投入资金的20%，手里有80%的余粮，就可以慢慢逢跌加仓，等待反弹或下一轮进攻；四是学习分析市场行情，建立自己的交易系统。这样我们才能知道买什么、什么时候买、怎么买、买多少。

2. 公募基金会像P2P一样跑路吗？

公募基金是国内合规与监管最严格、信息披露最充分、运作最透明专业的资管机构，不会像P2P一样有跑路风险。

资金全部在托管银行，公募基金在受托管理资产时，是无法接触到投资者的钱的。

选择了公募基金，就是选择了一群专业的人替你打工（当然要交一定的管理费）。公募基金是持牌运作，牌照加起来也不过100多张，发起设立的门槛比较高，信批非常完善，大多数产品净值每天都公布，有任何高管的变动、基金经理的变动都会公告，合规很严格。

你可能听说过有公募基金旗下的产品“踩雷”，但由于分散投资也不会让你血本无归，公募基金有10%的持仓限制，也就是一类资产持仓占比最多不超过总资产的10%，并且所有持有的资产都是标准化资产，也就是在金融市场上有可以衡量的公允价值；而公募基金这个行业存在21年了，从来没有一家公司跑路的。

跑路也没意义，钱带不走，都托管在银行。顶多是清盘，把你的钱还给你。

3. 基金名称里的A和C是什么意思？

基金产品名称字母后缀标识不同的份额类型，但产品投向完全一致，主要区别在于产品申购和赎回环节的收费方式不同。

不管后面是A还是C，基金管理费和托管费都是一样的，不同点在于申购费、销售服务费和赎回费的收取方式。

A类份额，不收取销售服务费，但在投资者买入时会收取申购费，买入金额越大申购费费率越低。赎回费费率则随着持有时长递减，一般需要半年或以上才能降到0。这也是鼓励我们长期持有。

C类份额，不收取申购费，但会按持有天数来计提销售服务费，并且持有7天/30天以上一般就免收赎回费。

打个比方，这就相当于去健身房选择年卡还是次卡。如果相信健身房的长期经营能力、自己喜欢长期锻炼，选择一次性付费的年卡是一个更加省钱的方式，相当于购买A类份额。

但如果只是短期健身需求、偶尔去锻炼，那么还是次卡划算，相当于购买C类份额。

A类、C类哪个交易手续费便宜?

结论是：短期投资C类便宜，长期投资A类便宜。

具体多少金额、持有临界日期得看不同产品的收费明细测算。总的来说，长期投资（1年以上）适合购买A类份额，短期投资适合购买C类份额。

以招商中证白酒为例，按照申购费费率1折、单笔50万元来看，具体收费如下：

（1）投资期限在7天到1年：A类收费0.6%，C类费率0.1%，C类更划算。

（2）投资期限在1~2年：A类收费0.35%，C类费率0.2%，C类依然更划算。

（3）投资期限在2~3年：A类收费0.1%，C类费率0.3%，A类更划算。

4. 基金亏了，该怎么办?

对于投资者来说，基金亏损需要具体问题具体分析。

首先，判断我们用于投资基金的资金是否是闲钱投资，可以用于投资的持有时间是怎样的。如果是短期资金，要注意规避风险；如果是可以长期支配的闲置资金，风险承受能力会比较强。

其次，我们所持有的基金是否值得继续持有。这需要对自己持有的基金进行分析和判断，这只基金是否匹配自己的风险收益特征，如果亏损的原因是基金管理人或基金投资策略的变化，那我们就要考虑更换一只更加适合自己的基金了。

最后，短期市场的波动是正常的，不可避免地会遇到亏损的情况，我们要以平常心来看待。市场也有可能遇到系统性风险，如果是全市场的普跌，那么只要涉及市场投资，基本都很难避免净值的下跌；要注意不要追涨杀跌，频繁交易会造成交易成本上升，需要建立合适的长期投资理念。

5. 什么是分级基金？

分级基金，顾名思义就是分等级的基金。

分级基金（structured fund）又叫“结构型基金”，是指在一个投资组合下，通过对基金收益或净资产的分解，形成两级（或多级）风险收益表现有一定差异化基金份额的基金品种[①]。

它的主要特点是将基金产品分为两类或多类份额，并分别给予不同的收益分配。分级基金各个子基金的净值与份额占比的乘积之和等于母基金的净值。例如拆分成两类份额的母基金净值=A类子基净值×A份额占比 + B类子基净值×B份额占比。如果母基金不进行拆分，那么其本身就是一只普通的基金。

用故事简单说明。

① 该定义出自百度百科。

妈妈生了两个小孩，A和B。

A和B长大后都进城打工了。刚开始两人老实本分，老老实实上班。

可是到后来，B有些浮躁了，感觉来钱太慢，太少。于是B想起了做生意。

B与A商量：“我感觉赚钱太少了，我们一起做生意吧？”

老实本分的A说：“拉倒吧，我不想冒那险。”

B想了想说：“那我就自己干了。不过我手头钱不够，你借我一点呗，明年这个时候给你10%的利息，如果赚钱了，每年你都可以拿到10%的利息。”

A同意了。

B回家想了想，自己最近找到了一个20%～50%收益的项目，但风险挺高，如果成功，自己只要分10%的利息给A，运气好的话，自己最高能拿40%。可万一赔了，估计连利息也还不上了。

这事后来被妈妈知道了，妈妈对B说：“咱家穷，输不起生意，家里还等着你的米下锅呢！不过咱也想搏一搏，单车变摩托，妈同意你做生意，但你无论如何都必须保证A每年有10%的利息收益。”

有一年，B的生意赔了，为了偿还A的利息，B整整吃了一个月的泡面。

但如果赚了，A和B依然会把钱合在一起全部打给家里。

如附图1所示，分级基金就是把母基金份额分为保守型和激进型，也就是优先级（故事里的A）和劣后级（故事里的B）。

本质上讲，就是B份额向A份额借钱投资。

这样一来，B就要承担母基金所有份额（整个家）的收益与亏损，同时也要通过不定期折算（省钱吃泡面）来保障A的本金安全和约定收益（10%）。

很多人有一个误区，认为分级基金分成了两块，就只能满足两种类型投资者。其实我们同样可以投资母基金。母基金本质上就是普通的股票指数基金，但千万不要以为母基金是集合了两种份额的优点：低风险和高回报。

B份额基金收益是可以加杠杆的。还是以刚刚那个故事来说。

一年下来，妈妈共收到两个孩子打给家里的10万元，为了保值，妈妈也买了一款收益率为10%的理财产品。

年终时，A和B来平分（拆分为A份额和B份额）这10万元获得的收益。

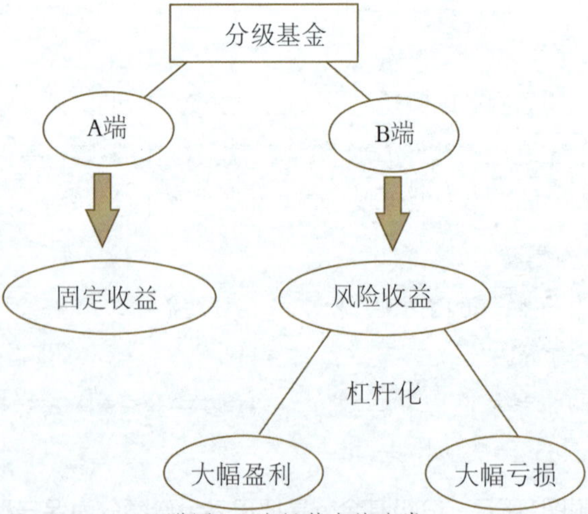

附图1　分级基金的分类

假设A分得了5%的收益（收益率5%），即50000×5%，也就是2500元。

由于B是家里的顶梁柱，因此，B份额的收益是将10万元的收益扣除刚刚A的收益后的剩余部分，即［（10000-2500）/50000］×100%=15%，B得到15%的收益，也就是7500元。

这么一算，10万元本金（母基金）获得了10%的收益，A得了5%，B却得了15%。

这就是分级基金中劣后级（B份额）杠杆的作用。当然，如果亏损的话，B同样亏得也很多：如果B生意失败了，不仅要承担每年与A约定的利息，过年回家后还需要承担A的5%的年终收益。

兴哥建议：新手小白在没有充分了解之前，还是不要去碰分级基金。

6. 为什么当天买完基金后不能马上显示？

大部分场外基金是T+1日确认，也有QDII基金是T+2日确认。

T日是指交易日，周末和节假日不属于T日（交易日），T日以股市收市时间为界，每天15：00之前提交的交易按照当天收市后公布的净值成交。

例如，今天下午3点之前购买某基金10000元，当天收盘之后（通常是晚上）基金净值才出来，这只基金当天的净值是1.00元，那么基金公司会按这个基金净值计算你购买的基金份额，10000元扣除10元申购费，9990元对于基金净值1.00元就是9990份额。

如果是当天下午3点之后买的，则按第二天的净值成交。

建议大家在下午2点后、3点前买基金，当天行情基本明朗了，按当天的净值成交也不会受第二天的行情波动影响。

7. 基金分红对投资有影响吗？应该选择红利再投资还是现金分红？

基金分红对投资影响不大，因为分红是基金公司可以主动控制的。为什么要分红呢？其实很多基金本身的净值是3元、5元，但是很多投资者都喜欢买净值1元的基金（觉得能买到的份额多），所以基金经理就去分红把净值降下去。历史上还有基金分红配合销售的，但是现在越来越少了。基金分红信息不能用于营销，基金分红避税的门槛越来越高。

对于普通投资者而言，如果大家每年有现金需求，可以选择现金分红。例如，很多基金设计时的目标就是季季分红、每年分红。没有现金需求，而有保值增值需求的投资者选择分红再投资就好，分红的钱转份额是免手续费的。有人选择现金分红，拿到钱再申购这只基金，就会多花一次申购费。

8. 本金小，怎么投基金？

刚参加工作没多久的投资者，手里资金不多，只有几千元，应该怎么买基金？

在本金比较小的时候，可以一次性集中投。

因为本金比较小时，增量资金比较容易获得，也更重要；小资金满仓投，获得的投资体验会比分散投明显得多；学习成长时期，集中投可以让自己更加用心地去寻找和选择好的基金。

比如本金1万元，上涨时，本金原来就没多少，买3000元，涨个10%就300元；下跌时，因为本金少，即使亏了，也同样亏不了多少钱。

当本金较小时，不怕跌，就怕它不跌。跌了虽然亏钱，但是因为本金小，亏不了多少钱。但下跌提供了绝佳的建仓机会。每个月发完工资就买买买，很快就把成本拉下来了。

所以，本金较小时，增量资金对成本的影响很大。与其花太多的时间研究仓位，不如该买的买完，然后好好工作，多赚点钱靠谱点。

9. 我买的新基金什么时候可以买卖？

新买的基金等过了封闭期（通常是3个月），开放申购、赎回，就可以自主选择赎回、申购或转换了。

认购：在基金首次募集期内申请购买基金份额。一般情况下，认购期购买基金的费率相对来说比申购期购买优惠。

申购：在基金成立后，申请购买基金份额。认购期购买的基金一般要经过封闭期才能赎回，申购的基金要在申购成功后的第二个工作日方能进行赎回（部分基金支持场内 T+0交易，当天买入当天可卖出）。

赎回：投资者直接或通过持有基金的销售机构办理基金赎回业务，并将相应的货币资金退回至该投资者的账户。

转换：是指投资者在持有基金公司发行的任一开放式基金后，可将其持有的基金份额直接转换成该公司管理的其他开放式基金的基金份额，而不需要先赎回已持有的基金单位，再申购目标基金的一种业务模式。

10. 什么是FOF基金？

FOF起源于20世纪70年代的美国。根据美国ICI（美国投资公司协会）的定义，FOF是指投资于其他共同基金的一种共同基金。FOF翻译成中文就是基金中的基金。从广义上说，是指通过多类资产配置，投资于不同市场和不同策略的组合基金。FOF直接以基金为投资标的，通过持有其他基金来间接持有股票、债券等证券资产。

简单说，FOF基金就是你把钱给一个懂基金的人去买基金，相当于基金经理帮你选购基金。因为你不懂基金，那就把钱交到一个懂基金的人手里，其核心还是资产配置。